NOSSAS CABANAS

Fazer cabanas: imaginar maneiras de viver num mundo degradado. Encontrar onde aportar, em que solo reexperimentado, em que terra repensada, com respeito e compaixão. Mas também em que espaços em luta, discretos ou chamativos, em que territórios proibidos na própria medida em que são reabitados, cultivados, imaginados, implicando mais envolvimento do que desenvolvimento.

MARIELLE MACÉ
NOSSAS CABANAS
lugares de luta, ideias para a vida em comum

Apresentação Marcelo Jacques de Moraes
Tradução Isadora Bonfim Nuto

TÍTULO ORIGINAL *Nos cabanes*
© Éditions Verdier, 2019
© Bazar do Tempo (edição brasileira), 2023

Todos os direitos reservados e protegidos pela
Lei n. 9610 de 12.2.1998. É proibida a reprodução total
ou parcial sem a expressa anuência da editora.

Este livro foi revisado segundo o Acordo Ortográfico da
Língua Portuguesa de 1990, em vigor no Brasil desde 2009.

EDIÇÃO Ana Cecilia Impellizieri Martins
COORDENAÇÃO EDITORIAL Meira Santana
REVISÃO TÉCNICA Marcelo Jacques de Moraes
COPIDESQUE Rafael Abreu
REVISÃO Elisabeth Lissovsky
PROJETO GRÁFICO Thiago Lacaz
FOTO DA CAPA Cyrille Weiner, "Chambre et poulailler dans une haie", Notre-Dame-des-Landes, 2016. Imagem da série *Notre-Dame-des-Landes ou le métier de vivre*

BAZAR DO TEMPO
Produções e Empreendimentos Culturais Ltda.
rua General Dionísio, 53, Humaitá
22271-050 Rio de Janeiro RJ
contato@bazardotempo.com.br
bazardotempo.com.br

APRESENTAÇÃO
Sobre novas maneiras de fazer – e dizer – "nós" 9
Marcelo Jacques de Moraes

As *Noues* 17
Nossas cabanas 29
Um parlamento ampliado 57

REFERÊNCIAS BIBLIOGRÁFICAS 87
SOBRE A AUTORA 93

APRESENTAÇÃO
SOBRE NOVAS MANEIRAS DE FAZER — E DIZER — "NÓS"
Marcelo Jacques de Moraes

Depois de *Siderar, considerar: migrantes formas de vida*, de 2017 (publicado no Brasil em 2018), em que reivindicava uma atenção e um cuidado vigilantes em relação à imensa precariedade que ronda especialmente a vida dos migrantes e refugiados na França, sempre de algum modo desconsiderados na construção de qualquer projeto de uma vida comum, Marielle Macé retomou numa perspectiva mais ampla, em 2019, o esforço de referir e reverberar ideias e estratégias para enfrentar nosso "mundo degradado" e imaginar novas maneiras de vivermos nele, novas possibilidades de constituirmos laços, ou "nós", mais ou menos estreitos, com os demais viventes. *Nós*: a palavra, fundamental para a autora, aparecerá diversas vezes ao longo da tradução para o português, ora como substantivo (traduzindo "*noeuds*"), ora como pronome pessoal (traduzindo "*nous*"), numa homofonia de nossa língua que, verá o/a leitor/a, favorece de maneira interessante certos entrelaçamentos de sentidos propostos pelo original.

O livro apresenta três breves ensaios.

No primeiro deles, "As *Noues*", Macé parte de la Noue, nome de uma localidade (que poderíamos traduzir como "o Remanso") situada no vilarejo de Notre-Dame-des--Landes, palco de uma grande luta social e ambiental ao longo de toda a década de 2010, para refletir justamente sobre os modos de instituir e ....destituir "nós", coletivos e lugares (a homofonia em francês entre "nous" e "noue" também será fecundamente explorada no ensaio) "suficientemente aglutinados para que possam se enunciar" e enfrentar a degradação do mundo em seu entorno. Mas que não se deixem fechar como um cercado e permitam também que se busquem os "desligamentos necessários", fazendo com que as ideias de vida que ali se fermentam possam "ficar à deriva, se ampliar, se espalhar".

No segundo ensaio, que dá título ao livro, trata-se sobretudo de pensar como voltar a "viver" (e não apenas se "salvar" ou "sobreviver") para combater (em) um mundo "de que se está excluído *a priori*" – Macé pensa muito especialmente na juventude –, e maneira a "cooperar com todo tipo de viventes". As cabanas visitadas ou imaginadas pela autora vêm de toda parte. São as construções mais ou menos precárias e/ou provisórias das favelas e dos campos de refugiados, de regiões urbanas ou rurais mais ou menos negligenciadas, mas são também, e sobretudo, os lugares de luta e de invenção dessas tantas formas de vida que teimam em perseverar a despeito da indigência e da indignidade irrespiráveis que lhes são impostas, formas de vida que, em suma, se recusam a não serem vividas. Não por acaso, é com uma referência ao *Livro das cabanas*, do poeta Jean-Marie Gleize, que, depois de afirmar a necessidade de "continuar a se mover, descer montanhas, andar nas planícies, de cabana em cabana, de cabana em rio", a autora conclui: "falar falar mais abrir as mãos para isso, isso e mais isso".

No último ensaio, é como se Macé instituísse, à sua maneira, o "parlamento ampliado" que ela reivindica a partir das tantas vozes, e coisas, que nos convida a escutar de modo que sejamos capazes de dar outro estatuto ao vivente, de vislumbrar novas "relações, enodamentos e desnodamentos" e de buscar e reconhecer "aliados onde aprendemos a considerar apenas recursos, imobilidades e mutismos". Chama então particularmente atenção a inquietação pelos pássaros, pelo modo como, cada vez mais, eles "não cantam nosso mundo degradado", oferecendo a "medida sonora" dos tempos em que vivemos. E para sustentar o desejo de transformar paisagens arruinadas em espaços de renovação das condições de existência, conclui a autora, é preciso reescrever as *Metamorfoses* de Ovídio: "Ovídio em todos os lugares, *vates* cantando e nos cantando, a nós, nossos laços e nossas cabanas."

Se este livro tão conciso assume por vezes o tom de um pequeno manifesto, ele vale sobretudo pela profusão de ideias – e pelas generosas referências – que sugere a quem quer que se proponha a pensar e a repolitizar as relações entre os viventes no mundo como ele (não) vai. Numa erudição delicada e sem ostentação, Macé evoca mais ou menos de passagem não somente intelectuais e pesquisadores de trajetórias bastante diversas (como o sociólogo Luc Boltanski, a antropóloga Anna Tsing, o coletivo Comitê Invisível, o jardineiro e paisagista Gilles Clément ou o bioacústico Bernie Krause), mas também e muito especialmente artistas e escritores igualmente diversos (como o coletivo Catastrophes, as cineastas Claire Simon e Agnès Varda, o escultor Giuseppe Penone ou poetas e escritores como Francis Ponge, Jean-Christophe Baily, Vinciane Despret e Dénètem Touam Bona).

Talvez aí resida a maior virtude de *Nossas cabanas*. Pois, para Marielle Macé, é na aliança das ciências humanas com a arte e a poesia que podemos ampliar nossa capacidade de "escutar, naquilo que não fala, verdadeiras proposições de vida". E encontrar, assim, novas maneiras de fazer – e dizer – "nós".

MARCELO JACQUES DE MORAES é professor titular de literatura francesa da Faculdade de Letras da Universidade Federal do Rio de Janeiro (UFRJ), pesquisador do CNPq e Cientista do Nosso Estado (Faperj). Traduziu diversos escritores e ensaístas franceses, entre os quais, mais recentemente, Liliane Giraudon, Jean-Luc Nancy, Philippe Lacoue-Labarthe, Georges Bataille e Jean-Christophe Bailly. É autor das coletâneas de ensaios *A incerteza das formas*, *O fracasso do poema* e *Língua contra língua* e do volume *Christian Prigent* (coleção Ciranda da Poesia).

NOSSAS CABANAS

47% dos vertebrados desaparecidos em dez anos, é preciso refazer uma cabana para nós, mas com ideias em vez de galhos de salgueiro, imagens no lugar de lebres gigantes, histórias no lugar das coisas.

Olivier Cadiot

AS NOUES[1]

No meio da zona a defender de Notre-Dame-des-Landes,[2] um local porta esse nome e continua a portá-lo, a despeito das destruições e das desocupações: *la Noue*; e, um pouco adiante, vários outros (mas a palavra é a mesma): *la Grande Nohe, la Petite Noë, la Noë Verte...*

1. N. da T.: Tomado aqui como substantivo próprio, o termo será também explorado ao longo deste ensaio como homófono do pronome pessoal *"nous"* (nós) e a partir do jogo com o verbo *"nouer"* (amarrar, atar, enlaçar, enodar), como se verá adiante. Como substantivo comum, o termo poderia ser traduzido por "alagado", "banhado", "brejo", "charco" ou, ainda, "remanso", que preferimos.

2. N. da T.: A expressão "zona a defender", designada em francês pela sigla ZAD, inspira-se ironicamente na expressão *"zone à aménagement différé"* (zona de desenvolvimento diferido), mecanismo proposto pelo Estado para controlar a venda de propriedades em determinada região destinada a transformações. A ocupação conhecida como ZAD de Notre-Dame-des-Landes, cidade no noroeste da França, iniciou-se em 2008, com a instalação de ativistas numa área onde havia, desde os anos 1960, o projeto de construção de um aeroporto. O governo francês desistiu do projeto em 2018, dando início a uma série de novos conflitos com a comunidade.

A *noue*, a *noë*, o remanso: essa palavra me é familiar. Na região de onde venho, ela designa um estado da água e as maneiras de lidar com as águas ali tão abundantes. A região de onde venho é justamente essa, essa paisagem na extremidade da região do Loire, na direção de Nantes, baixo mar, brejos, orlas, landes desde então em luta. Eu tinha uma Avó-de-Les Noues, e meu avô e seus companheiros se refugiaram na Mare Noire [Poça Negra], na aldeia de Les Noues, para escapar do Serviço de Trabalho Obrigatório (STO)[3] durante a Segunda Guerra Mundial (STO ao qual o outro avô partiu quase que por iniciativa própria, sacrificando sua juventude e sua liberdade por aquelas – mais frágeis – de seu irmão). E não quero dizer, ao dizer que venho de lá, que é do meu remanso que se trata e que lá eu e "os meus" estaríamos em casa. Quero mais simplesmente dizer que, para mim, a vida veio lá, de lá, sob aquele céu, no eco úmido desses nomes; e que, depois, a vida fez uma linha, serpenteando entre seus próprios meandros, que sigo.

Uma *noue* é uma vala de relva suavemente inclinada, projetada ou natural (o antigo braço morto de um rio, por exemplo), que recolhe as águas, permitindo controlar seu fluxo ou sua evaporação, reconstituir os lençóis subterrâneos e administrar as terras. É um abrigo vegetal que

---

3. N. da T.: O STO foi promulgado pelo governo colaboracionista de Vichy e obrigou, durante a ocupação alemã, trabalhadores franceses a embarcar para a Alemanha para viver nos campos de trabalho nazistas e trabalhar em fábricas, na agricultura etc.

limita a poluição e passou a proteger das inundações os vilarejos continuamente expostos a elas nas áreas rurais de remembramento, isto é, de industrialização da agricultura e de devastação ecológica. Essa industrialização que me fazia acreditar, quando criança, que nossas paisagens sempre tinham sido mornas, alinhando as línguas de uma terra pálida sob as estufas cobertas, por meio das quais minha família de horticultores confiscava para si a beleza do país.

(Seria preciso falar daquela desordem campesina, daquela situação tão confusa de agricultores saqueados saqueadores que deterioraram seu solo a lufadas de pesticidas – meu tio pulverizava com um traje que parecia o de um astronauta –, coagidos, enganados e endividados como foram pelas lógicas agrônomas que os privavam de seus vínculos – e aqui nada é simples, pois se eles agiam dessa forma é porque era assim que lhes era ensinado no liceu agrícola, sobretudo porque, na lembrança não muito distante das privações da guerra, era preciso assumir diante de todo o país certa necessidade de produção e distribuição e porque eles podiam carregar esse peso com orgulho; eles, que, hoje aposentados, não terão tido o tempo nem a ideia de agir de outra maneira e, consequentemente, se reconectar com seu *savoir-faire* e com o amor pela terra, que, em meio àquelas devastações e apesar delas, eles continuavam a experimentar tão fortemente; eles, que se encontram hoje aprisionados entre a evidência de um erro ecológico e uma humilhação social. Eles, que têm às vezes, a modéstia de se deixarem instruir sobre a ecologia e a biodinâmica por cidadãos que chegaram ali muito depois – de se deixarem instruir em seu próprio cosmos, sobre a antiguidade de seus gestos, sobre aquilo que eles não sabiam saber e que lhes é então devolvido em migalhas. Melancolias campesinas, pilhagem agravada.)

Há toda uma ciência dos remansos, mesmo que não haja um código cartográfico para identificá-los; uma ciência que se transporta hoje até as cidades como alternativa hidráulica, para que se possa perpassá-las com canos e tubulações enterrados (fazemos, ou gostaríamos muito de fazer, remansos no coração das cidades; em Boston, por exemplo, valas implantadas agora permitem estocar água no meio de um bairro, e sobre esses traços de vegetação reaparecem insetos, pássaros...). Há toda uma ciência dos remansos, assim como havia até há pouco "guardiões do Loire" sobre as barragens arenosas que o margeiam. Eles guardavam, de fato, o rio, vigiavam-no atentos e diligentes; e se protegiam do rio, desse Loire não exatamente selvagem, que foi, ao contrário, o primeiro rio modificado (o primeiro a suscitar técnicas, práticas, cuidados, um *savoir-faire* com a água), mas pouco a pouco reasselvajado.

Os campos de Notre-Dame-des-Landes (atravessados, atenção!, por um rio batizado Épine [Espinho]), o bosque de Tronçay, as bacias hidrográficas do Tarne e do Tescou, onde estava projetada a barragem de Sivens... São igualmente zonas úmidas, espécies de "remansos" de grandes proporções – recursos ecológicos, mas também verdadeiros lagos de impaciência, territórios onde se enunciam ideias de vida, práticas, laços, ideias que são, também elas, zonas a defender.

Pois no século XX dois terços das superfícies das zonas úmidas desapareceram na França, e a fragilidade desses ecossistemas (como a floresta de Bure, também em luta, onde se tenta impedir o aterro de toneladas de rejeitos nucleares – cuja nocividade é tão longa, com centenas de milhares de anos, que pesquisas são feitas visando a conservar rastros e indicar aos homens do futuro que algo terrível foi escondido ali, quando, na verdade, os continentes terão derivado tanto que nem sequer saberemos mais onde estão os rejeitos) tem, então, relação direta com a violência social que se experimenta em tantas regiões do território. Em Sivens, aliás, Rémi Fraisse se interessava, segundo Michel Naepels, "pela proteção dos ranúnculos de folhas de *Ophioglossum*, uma planta selvagem rara das pradarias úmidas e abertas".

As *noues*, as *noës*, os remansos, são também como arcas, arcas de águas vivas e de práticas, onde se pode conservar não coisas, mas forças, onde se pode impulsionar inquietudes, pensamentos, combates.

Pois os remansos se recordam das destruições e das explorações, eles acolhem lutas, reabrindo esses leitos de rios antigos "para onde as águas tendem a retornar em caso de transbordamentos".

O que escorre dos remansos de fato transborda:

*Quando o rio transborda, ele deixa, após a inundação, remansos (*backwaters*, em inglês), que evoluem às vezes para lagos temporários ou pântanos semipermanentes. Esses remansos se assemelham bastante a certas poças de planície ou de floresta ou a certos resquícios de lagos.* (Encyclopedia Universalis)

Os remansos tocam aquela "terceira paisagem" destacada por Gilles Clément. Os ambientes que emergem sem programa e vivem na margem das zonas de desenvolvimento urbano ou de exploração agrícola, os fragmentos do "jardim planetário" constituídos pelo conjunto descontínuo, em liberdade, indecidido e bastante plural dos lugares negligenciados ("espaços urbanos negligenciados":[4] é assim que os chamamos, mas também "terrenos baldios", "barrancos", "pântanos", "arredores"...), que acolhem uma diversidade ecológica surpreendente, à qual servem de refúgio, diversidade que, em qualquer outro lugar, é expulsa pelo próprio processo de desenvolvimento. Pois a terceira paisagem não é exatamente algo que se desenvolva, é algo com que nos envolvemos.

---

4. N. da T.: Em francês, "*délaissé urbain*". A expressão é recorrente no vocabulário técnico do domínio da arquitetura para fazer referência a espaços urbanos abandonados, negligenciados ou subutilizados.

Envolver-se mais do que desenvolver. Jardinar os possíveis, cuidar do que se tenta, partir do que é, levá-lo em conta, apoiá-lo, ampliá-lo, deixá-lo partir, deixá-lo sonhar.

Terceira paisagem como terceiro estado, não como terceiro mundo, explica Gilles Clément: "Espaço que não exprime nem o poder nem a submissão ao poder." Devemos retornar às frases pronunciadas em 1789 pelo abade Sieyès:

> *O que é o terceiro estado? – Tudo.*
> *O que ele foi até agora? – Nada.*
> *O que ele exige? – Ser alguma coisa.*

Em Montreuil, o ônibus 122 tem como parada final "La Noue-Clos-Français". Esse Remanso é uma cidade negligenciada, barulhenta, violentada, maltratante e maltratada, mas é também onde se vive como se pode: mantêm-se laços, tentam-se coisas, peticiona-se, você tem que recolher o próprio lixo... Ou então, às vezes, desiste-se, apesar do tecido associativo e dos esforços de renovação – largamos de mão, deixamos tudo à sombra da galeria mercantil fantasma que não cessa de se fechar em suas cortinas metálicas, enfiadas num daqueles bairros onde a França efetivamente empareda.

"Enodemo-nos":[5] Emmanuelle Pagano – autora, aliás, de uma bela "trilogia das margens dos rios", que pensa e conta toda uma série de maneiras de agir com a água – deu esse título a uma coletânea de histórias em que cada sequência se ocupa em dizer a forma precisa de uma relação amorosa.

Enodemo-nos; essa fórmula transporta, arrebata, ela tem a justeza do poema, infalível. Nela, o "nos" é recebido como uma espécie de chamado: sim, façamos isso, enodemo-nos! O pronome se torna, então, uma modalidade do verbo, que se conjuga de muitas maneiras: nosemo--nos, realizemos o "nós", enodemos mais, imaginemos outras maneiras de sermos muitos, de nos atarmos, de nos tocarmos, talvez de apenas nos resvalarmos... Ouve-se aqui que na palavra "nós" alguma coisa (mas o quê, exatamente?) se enoda, deve se enodar e poderá, portanto, também se desnodar; achamos que "nós" é uma

---

5. N. da T.: Em francês, "*Nouons-nous*". Trata-se do verbo "*nouer*", em cujo radical se ouve a palavra "*noue*" e o pronome "*nous*", como antecipamos. Seria mais corrente traduzir a fórmula por "enlacemo-nos" ou "atemo-nos", mas preferimos aqui o usar o verbo "enodar", por sua ligação etimológica com "*nouer*" e pela proximidade fônica com o "nós". Uma tradução neológica poderia ser "nosemo-nos", à qual, aliás, a autora induzirá pouco abaixo ao usar "*nous-ons*"... Em português, por outro lado, ouvimos ainda em "*nous*", nós, o plural de "nó", que não se ouve em francês ("*noeud*"). A autora usará reiteradamente a fórmula e suas variações (o verbo "*dénouer*", os substantivos "*nouage*", "*dénouage*, "*dénouement*"), mas, visando a preservar a fluência do texto, optamos por escolher, eventualmente, um termo que nos parecesse mais adequado ("enlaçar", "amarrar", "atar" e suas variações).

questão de laços, apegos, misturas, interdependência, e arrancamentos, e desemaranhamentos, e desnodamentos ou desenlaces – mais do que de pertencimento ou identificação. Adivinha-se que pensar e experimentar o "nós" amoroso talvez não seja inútil para um pensamento do comum ou, dizendo de outra forma, que o "nós dois" amoroso (o "nós dois ainda" de Michaux) pode, se o escutarmos, se ampliar como coletivo, se infinir[6] em político. (Achamos, além disso, que com as Noues, "nous" poderia ser declinado no feminino, para *noues*, nós mulheres).

Pois "nós" não designa uma adição de sujeitos ("eu" mais "eu" mais "eu"...), mas um sujeito coletivo, dilatado ao redor de mim, que fala: eu e não eu, em parte indefinido, potencialmente ilimitado, eu e tudo aquilo a que posso ou quero me ligar. Benveniste dizia, e isso era uma surpresa: "nós" não é o plural de "eu", um plural contabilizável recortado no conjunto maior de "todos". Não, não é assim que o pronome se constitui. "Nós" é o resultado de um "eu" que se abriu (que se abriu para aquilo que ele não é), que se dilatou, se colocou fora, *se ampliou.*

"Nós" não significa os meus, todos aqueles que são parecidos comigo, mas todos aqueles que poderão ser o "eu" desse "nós", endossá-lo, retomá-lo por conta própria, experimentar sua força. Com "nós", não se trata de dizer quem eu sou, de me declarar; não se trata nem ao menos

---

6. N. da T.: Trata-se de um neologismo em francês, que remete diretamente ao substantivo "*infini*", infinito (cuja derivação verbal seria "*infiniser*"), mas também à negação do verbo "*finir*", acabar.

de dizer como quem eu sou; trata-se, sim, daquilo que poderemos fazer se nos enodarmos. "Nós" não poderia abrir para a questão da identidade (você faz parte?), mas para a tarefa infinita que consiste em fazer e desfazer coletivos (sim, desfazer também), plurais suficientemente aglutinados para que possam se enunciar.

(Talvez "nós" seja então algo como o plural de "sozinho": ele não se faz a partir de nossos "eus", afirmados ou vacilantes, mas a partir de nossas solidões; ele as coloca em comum, ou seja, ele as reúne, as ultrapassa ao reuni--las e, sob certa ótica, as mantém. Nós fazemos e desfazemos coletivos com essas solidões, não apesar delas. Nós não enodamos nada senão nosso igual tremor, nossas iguais potencialidades – e isso já é muita coisa.)

Enodemo-nos, então, sabendo o que dizemos quando dizemos "nós", ou o que não gostaríamos de dizer. Pois também se pressente nessa fórmula que alguma coisa pode muito rapidamente começar a gaguejar, a travar-se no proferimento do "nós" – num abuso do "nós", numa pressa em se reaquecer nele, em ficar à vontade nele, em se contabilizar nele e estar em suas fileiras, um "nós" bem enodado que se fecha novamente sobre nós como um cercado, que conhecemos muito bem hoje em dia.

Buscar as *noues*, as "nós", os "nós", os nós, os laços,[7] mas também os desligamentos necessários; como Aragon no

---

7. N. da T.: Em francês, "*les noues, les nous, les noeuds, les liens...*".

último verso de sua última coletânea, em que o pronome "nós" se institui como o lugar de um desnodamento, de um desenlace, nó de laços que liberam, de linhas de vidas que deixamos desfiar e que deixam partir. Aragon de fato fecha Les chambres [Os quartos] – e fechar, aqui, é encerrar – com esse desligamento no amor e no engajamento, com essa lufada diretamente sobre o nó do *nós*:

> *Uma noite tão bela que vou crer até o fim*
> *Dormir com o sono dos seus braços*
> *No país sem nome, sem despertar e sem sonhos*
> *O lugar de nós onde toda coisa se desnoda*[8]

Seguir, portanto, a pista das *Noues*, a linha de existência, de esperança e de luta que elas abrem. Seguir sua pista quer dizer, na verdade, segui-las em sua ideia, em seu pensamento. Não exatamente o pensamento que elas têm nem mesmo o pensamento que se tem delas, mas o pensamento que elas são. Pois trata-se de saber escutar uma ideia de vida em toda forma de vida, de sentir que fórmula de existência ela libera, que linha de práticas, de experiências, ela indica. E de deixar essa linha sonhar. Deixar as *Noues* sonharem, deixar que digam sua ideia,

---

8. N. da T.: No original: *"Un soir si beau que je vais croire jusqu'au bout/ Dormir du sommeil de tes bras/ Dans le pays sans nom sans éveil et sans rêves/ Le lieu de nous où toute chose se dénoue."*

sua ideia de vida; e deixar que fiquem à deriva, se ampliem, se espalhem (esse poeta tão atento às coisas terrestres, aos rios, aos pássaros e a outros "significantes na natureza" que é Dominique Meens concebeu um dia este título: *La Noue dérivée* [A *Noue* derivada]).

"Há muito tempo, escreveu Marx em uma carta de 1843 para Arnold Ruge, que Jean-Christophe Bailly cita constantemente, o mundo porta em si *o sonho de uma coisa*, o sonho de uma coisa de que bastaria ele tomar consciência para possuí-la realmente." E Bailly prossegue: que o mundo reconheça, então, aquilo de que desde há muito tempo, desde sempre, ele formava a ideia, como num sonho, ele que sonha tornar-se outro e que, na verdade, já é outro; que ele se torne fiel a seu sonho e àquilo que em seu sonho se esboça – a firme disposição de viver, enfim, de outra forma. Pois decididamente nada nos obriga a viver "assim".

E sob a caixa de correio vermelho-vivo do lugar chamado *La Noue* de Notre-Dame-des-Landes, alguém acrescentou duas palavras. Lê-se ali (lia-se ali, e vergonha para aqueles que destruíram esse lugar, nossas cabanas e esse envio, isto é, essa prova de uma vida outra, feita ao mesmo tempo de uma ternura ampliada pelo solo e de um cenário pronominal em forma de projétil): "A NOUE/ TAMPOUCO".[9]

---

9. N. da T.: "LA NOUE/ NON PLUS". As duas palavras a que se refere a autora são obviamente "*non plus*", que traduzimos por "tampouco".

NOSSAS CABANAS

Fazer cabanas: imaginar maneiras de viver num mundo degradado. Encontrar onde aportar, em que solo reexperimentado, em que terra repensada, com respeito e compaixão. Mas também em que espaços em luta, discretos ou chamativos, em que territórios proibidos na própria medida em que são reabitados, cultivados, imaginados, implicando mais envolvimento do que desenvolvimento.

Não para se retirar do mundo, se isolar, se distanciar, virar as costas às condições e aos objetos do mundo presente. Não para fazer uma pequena toca em lugares supostamente preservados e em tempos de outro tempo, acreditando recuperar uma inocência, uma modéstia, uma arquitetura primeira, fábulas de infância, materiais simples, a antiguidade e a delicadeza de um gesto que não inquietaria a ordem social... Mas para enfrentá-los de outra forma, este mundo e aquele presente com suas pilhagens, seus dejetos, mas também com suas rotas de fuga. Longe da cabana solitária de Thoreau, que elaborava, perto do lago de Walden, uma reflexão sobre as virtudes de uma vida isolada, mesmo que a solidão de uma aventura entregue à natureza fosse ali concebida como revolta. Fazer cabanas nas bordas das cidades, nos acampamentos, nas landes e no coração das cidades, nas praças, nas alegrias e nos medos. Sem ignorar que é com o pior do mundo atual (suas recusas de asilo, suas expulsões, seus destroços) que as cabanas frequentemente se fazem e que elas são construídas simultaneamente por esse pior e pelos gestos que a ele se opõem.

Fazer cabanas de todo tipo – inventar, jardinar os possíveis; sem ter medo de chamar de "cabanas" casebres de frases, de papel, de pensamento, de amizade, novas maneiras de conceber o espaço, o tempo, a ação, os laços, as práticas. Fazer cabanas para ocupar de outro modo o terreno; ou seja, sempre, hoje, para sermos muitos.

De modo algum para tomar lugar, para fazer para si um lugarzinho ali onde não incomodasse muito, mas para denunciar esse mundo de lugares – de lugares estabelecidos, lugares recusados, lugares tomados ou por tomar.

Fazer cabanas sem por isso, no entanto, contentar-se com pouco, resignar-se a uma *politica povera,* acomodar-se com precariedades de toda ordem, menos ainda romantizá-las – sem se fazer passar por nômade ou por desvalido quando, justamente, não se é nenhum dos dois. Mas para afrontar essas precariedades, opor-lhes comportamentos e convicções. Cabanas que não poderiam curar ou reparar a violência feita às vidas, mas que a assinalam, a denunciam e a contestam, reivindicando muito concretamente um outro mundo, que elas chamam para si e já provam.

Fazer cabanas sem necessariamente apegar-se à própria cabana – sem apegar-se à própria fragilidade ou sonhá-la rígida, instalada, eternizável –, mas para *ampliar* as formas de vida a se considerar, para tentar novamente estabelecer com elas laços, proximidades, mediações, enodamentos. Fazer cabanas para relançar a imaginação, *ampliar* a zona a defender, pois "ZAD", isto é, vida a manter em vida, existe um pouco por toda parte em nosso território (como lembra Sébastien Thierry). Fazer cabanas, então, para habitar justamente essa ampliação.

Escrevo sob o ditado dos mais jovens – sob o ditado de sua vida material, por gratidão e admiração pelo que eles tentam. É preciso, de fato, ver o vigor, vigor inquieto, mas mesmo assim vigor, com o qual certos coletivos enfrentam a situação imposta hoje na França à juventude; coletivos artesãos, artísticos e políticos que se dedicam a imaginar em suas próprias práticas as formas de uma vida por vir: novas escritas, invenções de laços e de formas de trabalho, politização dos afetos, lutas, ecodiplomacias, remobilizações do pensamento... Com eles, o futuro não é exatamente invocado na forma da grande figura da utopia (justamente não, não há sem-lugar, sem-solo), mas na forma a um só tempo alegre e sem paz da impaciência: uma impaciência por fazer, imaginar, estar junto, inventar modalidades de presença para as lutas de seu tempo.

É a precariedade em todas as suas formas, entendida como o problema social de nossa época, que se encontra desafiada nessas práticas imaginativas. Desafiada com tudo o que isso supõe de levante – poderíamos dizer também "espantada", pensando nesta injunção de Victor Hugo em *Os miseráveis*: "Espantar a catástrofe pelo pouco medo que ela nos causa" (lembro que Patrick Boucheron citou essa frase na conclusão de sua aula inaugural no *Collège de France*, algumas semanas depois dos massacres de novembro de 2015).[1]

Ao dizer que ela é desafiada, não quero dizer que se triunfa sobre a precariedade, que se acertam as contas com ela; trata-se, ao contrário, de denunciar as precarizações de toda ordem e a situação social impostas a uma geração. Pois aqueles que têm hoje 20 ou 30 ou até mesmo 40 anos (e isso faz parte da questão: o fato de sermos hoje jovens, socialmente frágeis, aos quarenta anos), aqueles implicados na *Nuit debout* [Noite de pé],[2] aqueles que lutaram contra a lei "Trabalhe!" e seu mundo (principalmente isto: seu mundo) são precários e se sabem precários. Ou antes se sabem precarizados, tornados desiguais – economicamente, historicamente. Para começar, recusam-lhes um lugar. É isso, aliás, que eles vieram lembrar por toda parte nas praças. Não cessam de lhes

---

1. N. da T.: A autora se refere aqui aos atentados terroristas de 13 de novembro de 2015, que mataram mais de 130 pessoas em Paris e em Saint-Denis.
2. N. da T.: Movimento social francês iniciado em 2016 contra a reforma da lei trabalhista. O movimento, composto majoritariamente por jovens, consistiu em uma série de manifestações e acampamentos permanentes em praças públicas.

dizer que eles são demais, que chegaram tarde demais, endividados antes mesmo de chegarem; não cessam de lhes dizer que não haverá emprego para eles, que não é assim, que não há lugar, que não são "como nós".

A tal ponto que ensinar, hoje, é frequentemente falar para jovens de um mundo cuja entrada lhes é explicitamente barrada; e que estudar (ou simplesmente ser jovem), hoje, é frequentemente trabalhar para compreender e tocar um mundo de que se está excluído *a priori*, em direção ao qual se aceita ser alçado apenas a partir de limbos, esperando ser escolhido, esperando ser selecionado, esperando que queiram lhe dar trabalho, recontratá-lo... Luc Boltanski dedicou um poema a essa sociedade de limbos, de seleção e espera – espera por concorrer a uma habitação, a estudos, a cuidados, a um emprego. O livro-poema de Noémi Lefebvre, *Poétique de l'emploi* [Poética do emprego], também o diz, à sua maneira: hoje pode-se ter medo, ao mesmo tempo, tanto de encontrar um trabalho quanto de não o encontrar. E se falo de situações de ensino, de estudantes, é porque esses pensamentos me vieram graças a eles, diante da vulnerabilidade social que os vejo enfrentar com frequência, das solidariedades que os vejo construir e dos recursos que encontram de vez em quando no pensamento e em sua partilha. Na verdade, devo a eles a politização de todo o meu trabalho.

Para eles, a questão decididamente não é mais tomar seu lugar, conseguir construir um lugar para si a qualquer preço, mas revelar e combater, na medida em que a experimentam, a violência de um mundo de lugares ocupados e lugares recusados. Sim, o espaço não pode mais – não mais, realmente – ser pensado como um sistema de cargos a manter e a defender (daqueles que poderiam tomá-los "de nós", por exemplo). O gosto pelas zonas, pelas margens, pelas ZADs, até mesmo algo como um novo "recurso às florestas" (que reconduz a Élisée Reclus, a Thoreau, a Humboldt), é também o abandono desse mundo de lugares e a invenção de outras maneiras de habitar e se ligar.

> *Nós estamos ali onde nossa presença faz advir o mundo. Estamos cheios de disposição e de simples projetos, estamos vivos, acampamos às margens dos rios e falamos com os fantasmas, e algo no ar, as histórias que contamos, torna-nos a um só tempo modestos e invencíveis. Pois nossa necessidade de instalar em algum lugar da terra isso que sonhamos não conhece fim.* (Mathieu Riboulet, *Nous campons sur les rives* [Nós acampamos às margens dos rios]. *Lagrasse, 7-11 août 2017*)

Há bravuras ali, há bravatas, uma alegria de se apoderar do presente. Mas é uma alegria grave, alegria de gestos reunidos sobre destruições e ruínas. "Ruínas" é o termo de Anna Tsing em *Le Champignon de la fin du monde: sur les possibilités de vivre dans les ruines du capitalisme* [O cogumelo do fim do mundo: sobre as possibilidades de vida nas ruínas do capitalismo]. A antropóloga relata histórias de solos contaminados, florestas destruídas, águas poluídas, exploração e pilhagem social, mas não reporta apenas essas pilhagens – ela também registra o que ali se tenta e os surpreendentes laços que ali se recompõem. Pois o erro seria crer que alguém se contenta em sobreviver nas ruínas do capitalismo e em seus modos de exploração. Ora, ali não é apenas questão de sobrevivência, da tentativa de fazer o próprio nicho. Nessas ruínas proliferam "novos mundos" onde coabitam todo tipo de viventes e todo tipo de histórias, frequentemente bastante emaranhados.

Todo um mundo, por exemplo, no *matsutake*, esse cogumelo que brota nas florestas destruídas do Oregon (ele ajuda as árvores, ao menos algumas delas, a repovoar essas florestas destruídas, mas só brota em solos especialmente empobrecidos, e esse paradoxo não tem fim) e que, colhido por trabalhadores muito pobres (precários de todas as maneiras possíveis – de todas as maneiras que houve e que há de degradar vidas, de demolir e confiscar que o mundo capitalista produz: imigrantes, sem documentos, desempregados, veteranos de guerras americanas...), acaba como produto de luxo nas prateleiras dos mercados do Japão. Cogumelo do fim do mundo, curiosa invenção do vivente capaz de fazer algo com a destruição, ao mesmo tempo que a denuncia. Grande emaranhado de desafios e de destinos (que não temos exatamente que desembaraçar, mas cujos agenciamentos inesperados, saídas surpreendentes, enodamentos e desnodamentos totalmente impuros, de modo algum uniformemente desejáveis ou resolutivos, temos que considerar), aí está "o real". O que não significa que as ruínas sejam amáveis e que as estranhas *re-vidas* autorizadas por um solo contaminado e uma sociedade devastadora sejam motivo de encanto; mas que não é senão nesse grande entrave do pior, do que se opõe a ele e do que lhe escapa, inesperadamente ou por astúcia, que esse mundo degradado nos é dado a habitar. Sem mais.

E Anna Tsing explica que agora não é apenas nos países devastados pela guerra que é preciso aprender a viver nas ruínas, mas em toda parte: ao longo dos rios ultramodificados, nas florestas asfixiadas, nas paisagens naturais usurpadas e nos locais abandonados... Ruínas, portanto, ou então, para evitar a pátina que talvez enfeite um pouco demais essa palavra, pilhagens, destruições, poluições, "expulsões" de todos os gêneros (era esse o termo de Saskia Sassen).

É decididamente de um mundo degradado que se trata, e degradado por práticas bastante precisas, as do capitalismo avançado e do que ele faz aos viventes, aos solos, ao próprio sentimento do comum. E o desafio é exatamente o de inventar maneiras de viver nesse mundo degradado: nem salvar (salvaguardar, conservar, reparar, retornar a estados antigos), nem sobreviver, mas viver, ou seja, reensaiar hábitos, cooperando com todo tipo de viventes e favorecendo a vida em tudo. Viver nessas pilhagens ou mais simplesmente imaginar práticas e alojá-las nos interstícios do capitalismo, no que ele permite sem perceber, no que ele não sabe que autoriza (como esse *food activism* a um só tempo local e conectado que tece pouco a pouco algumas solidariedades na Europa). No que ele não tinha visto, previsto, no que não lhe diz respeito e que ainda não sabe degradar (nossos desejos e nossos laços); e até mesmo em tudo que ele facilita quando lhe acontece de fazê-lo.

Enfrentar, aqui, é, antes de tudo, "fazer", numa alegria bem material – construir, colher, cultivar, cozinhar, costurar, fabricar, jardinar, mudar de ritmo, reunir, trançar, traçar, desenhar, realçar, alçar, cavar, tomar ar, falar, citar... Construir mais rápido e por toda parte. Contar histórias, inventar histórias, também fazer histórias: propor problemas, dificultar os gestos de pilhagem.

(Aqui se desfia o amplo colar dos verbos, mais do que o rosário dos nomes, das identidades ou das funções: a corrente ilimitada desses infinitivos em que se anima a própria inteligência da prática. O infinitivo, esse modo não pessoal e não temporal, que serve para nomear um processo, um fraseado geral da ação: olhe, também podemos fazer isso, e isso, e mais isso: infinitivo, forma sintática do possível, da possibilitação dos gestos e das coisas, a cada instante reaberta.)

E não se trata apenas de fazer, mas de fazer a várias mãos, em conjunto: de viver em conjunto, de tentar formas coletivas; de habitar em conjunto (habitar em conjunto um território frágil para defendê-lo, ou coabitá-lo, pois não é possível de outro modo – é aí que se impõe novamente a mistura da precariedade e das maneiras de escapar dela); pensar em conjunto; e com muita frequência escrever em conjunto, a várias mãos.

Em muitos desses grupos de fato se escrevem (ou se traduzem) textos a várias mãos, textos frequentemente suntuosos, de um grande cuidado, de uma grande verticalidade de fala. Escreve-se a várias mãos para constituir um "nós", por vezes instituindo-o já de início (como o Comitê Invisível),[3] por vezes sem se apressar em pronunciar esse "nós" nem se aquecer muito depressa nele, explorando suas inclinações, suas impaciências, tentando diversas maneiras de se enodar e se desnodar. E, em cada um desses coletivos, fica-se sempre muito atento em permanecer anônimo (eu não sei fazer isso, mas reconheço o mérito); não para permanecer soberanamente à sombra ou para cultivar o mistério, mas para afirmar até que ponto aquela vida repousará no fato de que se está junto com outros.

Fazer junto com os outros, apostar num "nós", enodar-nos porque nos desligamos de outro lado – porque fomos embora para burlar as vigilâncias ou viver mais longe (*Fugitif, où cours-tu?* [Fugitivo, para onde você corre?], Dénètem Touam Bona).

E continuar a partilhar, a amar; pois a sensibilidade e os afetos, aqui, são essenciais. Uma das armas dessas lutas é a amizade, a alegria e a força dadas pelos amigos e pelo amor pelos amigos.

---

3. N. da T.: Grupo anônimo de ativistas e pensadores franceses que têm publicado livros de pequeno formato sobre a atualidade.

Cabanas, então: maneiras de fazer e de pensar, especialmente pensar os lugares (pensá-los sem fazer deles espaços de reação, de localismo, mas o único solo onde materialmente pode aportar). E também de pensar o tempo e, antes de tudo, o futuro, a fim de se reportar a ele de outra forma.

O coletivo de artistas Catastrophe [Catástrofe], com jovens e belos rostos (agradeço a eles), publicou em 2016 um pequeno manifesto inteiramente dirigido à possibilidade enérgica, cheia de alegria, mas também grave, de voltar a pensar a imaginação do tempo e as maneiras de se reportar ao futuro. Nele entram em questão ruínas sociais, lugares, hortas digitais, margens insolentes e generosas, "nós":

> *Crianças, tomamos conhecimento do mundo ao mesmo tempo que de seu fim iminente [...]. Já havíamos decidido por nós mesmos que não havia mais nada a fazer [...]. A hipótese comunista? Um delírio de piromaníacos. Maio de 68? Uma batalha de bolas de neve [...]. Não tínhamos nem 20 anos: chegávamos tarde demais. O que fazer, então? Eventualmente morrer. [...] Uma outra saída: lamentar. [...] A resposta é bem simples: renascer como quisermos. Sendo tudo, exceto desabusados, não temos outra escolha a não ser inventar um novo caminho. O lugar já está tomado? Sobrevalorizado? Nós iremos para outro lugar, explorar. [...] Dane-se o conforto, dane-se a segurança, e dane-se se não somos capazes de explicar aos nossos pais o que fazemos dos nossos dias. Nós nos sustentamos com o amor que carregamos. [...] Não há mais*

nada entre nós e a música: a energia e a fé bastam para criá-la, basta um computador para mixá-la e distribuí-la ao redor do mundo. Somos cosmopolitas, mas praticamos o local: em esferas restritas e de fato habitáveis, modelamos objetos que têm a nossa cara, depois os compartilhamos. Em nossas hortas digitais, cultivamos os laços, IRL[4] como URL, trocando nossos entusiasmos, nossos conhecimentos e as nuances de nossas vidas interiores. Por toda parte nos reapropriamos de nossas horas. [...] Somos independentes, multitarefas e bricoleurs. [...] Dividimos nossas roupas, nossos cômodos, nossas ideias. Sem fazer barulho, uma revolução discreta, local e que não tenta convencer ninguém já ganhou espaço. Aceitamos, de agora em diante, ser sem status, retiramo-nos para as margens alegres, por necessidade e por escolha. O futuro, para nós, está nos terrenos baldios. [...] Como balões que já subiram muito alto, não podemos mais descer: em um céu sem coordenadas, nós buscamos as novas cores. O mundo é uma massa de modelar, não essa massa inerte e triste pela qual ele passa. Futuros multicolores nos esperam. Não tenham medo, não há mais nada a perder.

Aí está um encontro marcado com seu próprio futuro por corpos impacientes, que o imaginam como uma promessa que fazem a si mesmos. Pela leitura, somos como

---

4. N. da T.: "*In real life*": expressão usada em mídias sociais para designar situações fora do mundo virtual.

que agarrados pelos mais jovens, mais intrépidos, mais sorridentes, para entrar na pista, ampliar a pista, retomar o fôlego e ir mais rápido.

Pensar o futuro dessa maneira, amarrar o corpo a ele, pequeno balão, para que ele se eleve é também reportar-se de outra forma ao passado. Como faz Kader Attia em seu trabalho plástico e político sobre a reparação ou como fazem Kantuta Quirós, Aliocha Imhoff e Camille de Toledo em *Les Potentiels du temps* [Os potenciais do tempo]: não virar as costas ao passado, mas se reconectar a ele de outra maneira; herdar, de outra maneira, um passado que não é aquilo que pesa, acorrenta e endivida, mas aquilo que continua a vibrar potencialidades – que tinha ideias de futuros, sonhos de futuros, e farfalhava possíveis. Escutar de outra maneira a voz dos mortos, ouvir os espectros dos indígenas, dos escravizados, dos humildes, ouvir o que eles tinham a dizer e o que ainda hoje eles diriam. "Não para reconduzir assombrações, mas para se recolocar do ponto de vista das vidas inacabadas, no corpo dos mortos, a fim de recomeçar uma vida como aspiração." Os dados estão relançados, o passado nos sonha, numa forma não melancólica de reparação – inclusive no sentido jurídico da palavra.

Fazer cabanas, então: jardinar possíveis. Cuidar do que murmura, do que se tenta, do que poderia vir e já vem: escutá-lo vir, deixá-lo brotar, apoiá-lo. Imaginar aquilo que é, imaginar levando em conta o que é. Partir disso que está aí, considerá-lo, ampliá-lo e deixá-lo sonhar. O que acontece diretamente no existente, ou seja, desde já, na percepção, na atenção e na consideração: certa maneira de observar o que quer aparecer, ali onde vidas e formas de vida se ensaiam, tentam saídas da situação que lhes é imposta, e certa maneira de aumentar esses impulsos, apoiar os laços em vias de constituição, de cuidar das ideias de vida que se fraseiam, por vezes de maneira muito tênue, como tantas pequenas utopias cotidianas: sim, também seria possível viver assim.

Jardinar: não se trata, no entanto, de guardar a esperança política para bordas e gestos de pouca monta e encorajar uma frugalidade em todas as coisas. "Jardinar" retorna como uma palavra lastreada por uma nova audácia, e o "jardim" excede aqui todo território reservado. É uma prática mais vasta, uma grande lufada de ar, uma reocupação do futuro, uma espora, uma oportunidade de se reportar de uma nova maneira ao que existe, nessa situação tão emaranhada, impossível de desemaranhar, de "diversidade contaminada" (Anna Tsing). Gilles Clément nos reensinou o que é jardinar: é privilegiar, em tudo, aquilo que vive, "fazer", certamente, mas fazer menos (ou antes fazer o mínimo possível contra e o máximo possível com), diminuir as ações, e no entanto reforçar o conhecimento, voltar a tomar conhecimento (do solo, de seus povos), dar lugar à vida que se inventa por toda parte, até nos espaços negligenciados... Pode-se agir como se jardina: quer dizer, favorecer em tudo a vida, apostar em suas invenções, acreditar nas metamorfoses, cuidar do jardim planetário;

pode-se pensar como se jardina; pode-se construir como se jardina (o que demanda mesclar arquitetura perene e arquitetura provisória, não querer "instalar" tudo, tomar decisões coletivas sobre o que será mantido e o que, ao contrário, se aceitará que desapareça). Não se trata de desejar pouco, de se contentar com pouco, mas, ao contrário, de imaginar mais, conhecer mais, mudar de registro quanto às abundâncias e elevações.

Jardinar os possíveis não é, decididamente, nem salvar nem restaurar, nem devolver ao estado inicial nem retornar, mas voltar a partir, inventar, ampliar, relançar a imaginação, abrir, saltar do carrossel, preferir a vida.

Isso às vezes se faz sutilmente e sem barulho, como no projeto de "renaturação" de um rio genovês, o Aire, realizado por Georges Descombes, que justamente não tentava refazer a natureza, retornar a ela, reconduzir o curso d'água a seu antigo leito, a fim de maternalmente bordejá-lo ali; criava, no entanto, para essa água há tanto tempo canalizada, um novo terreno de jogo, uma espécie de tabuleiro de damas, de modo algum naturante, já que o concreto quadriculado guardava justamente a lembrança de sua canalização, mas para que agora a água ali se agitasse, refizesse suas linhas e seus transbordamentos.

Nossas cabanas não serão necessariamente agradáveis, leves. Elas dirão tanto o que se tenta quanto o que se descuida, tanto o que se experimenta quanto o que se vê repisado, maltratado. Elas dirão alguma coisa desse mundo de violências de todos os tipos, de vulnerabilidades, de confiscos, de destruição de solos, e no entanto também de esperanças, de bravatas e imaginações práticas.

No formidável *Le Bois dont les rêves sont faits* [O bosque que molda os sonhos], a cineasta Claire Simon se aproxima, assim, de todo tipo de cabanas e de vidas muito diversas que arriscam uma estadia no bosque de Vincennes, desde os contatos sexuais mais ou menos furtivos e alegres até as barracas aninhadas sob as árvores, as relegações (150 "habitantes" por ano no bosque) e a memória totalmente arrasada da universidade de Vincennes (da qual resta apenas a ponta de um cano enfiado nos arbustos) – essa universidade outra que fora ensaiada e experimentada aqui, nesses espaços onde alguma coisa ao mesmo tempo se afasta, se oculta, se abriga e se tenta.

As cabanas são "coconstruídas", como diz Sébastien Thiéry, coconstruídas pela pilhagem e pelos gestos que se opõem à pilhagem, e desse torniquete não saberíamos sair. "Ao rés do chão e do tempo", elas testemunham a própria constituição do mundo que denunciam, desse mundo degradado ao qual se opõem, com o qual reatam e cuja trajetória elas tentam, ao mesmo tempo, desviar. E encontramos os emaranhamentos dessa diversidade contaminada que é a única da qual se deve beber; uma diversidade já contaminada, evidentemente impura, que impõe a procura de aliados um pouco por toda parte, mesmo onde não os esperávamos. Como os pássaros que trançam seus ninhos com pedaços de plástico e detritos, além de gravetos e folhas: não é que eles se acomodem, que se "adaptem", é que esse é o único mundo à disposição; decididamente, sem mais.

Essa coconstrução, essa contaminação, revela interdependências, imbricações constantes (entre espécies, entre espécies e técnicas, entre viventes e objetos, entre viventes e mortos, entre modos de vida, entre preocupações divergentes, entre valores díspares...) que não permitem nenhuma simplificação; não se trata, por exemplo, de acreditar que, nas ruínas e a seu favor, "a natureza" poderia e teria de "recuperar seus direitos" após as pilhagens industriais e humanas, mas de tomar consciência da surpresa desses agenciamentos, sem celebrar esses enodamentos entre o pior e as escapadas que ele autoriza, mas cultivando aquilo que, no desastre, não está ligado ao desastre, a fim de preservar alguma coisa de um amor pela vida.

O "mundo" aqui é a terra entregue ao mesmo tempo à sua vulnerabilidade e às suas potencialidades. Um mundo de "zonas", de fato, um território de laços, de misturas, de incertezas, feito de todos os espaços, a um só tempo frágeis e fecundos, nessa diversidade contaminada que continua a ser uma multidão.

Todas as nossas cabanas, portanto, amáveis ou nem tanto. Há as das ZADs, construídas para proteger um solo, preservar-lhe a vida (e isso certamente se ouve coletivamente: qual vida queremos?). Em Notre-Dame-des-Landes, dezenas de cabanas foram erguidas... E metodicamente destruídas pelos policiais a partir de 9 de abril de 2018. Barracas agrícolas, abrigos-biblioteca, cabanas-tours mantidos por todos os olhares, locais de habitação, de reunião, ateliês, viveiros, cabana dos *Cent Noms* [Cem Nomes], cabanas das *Vraies Rouges* [Verdadeiras Vermelhas][5]... A beleza dessas cabanas? Não necessariamente o que nelas lembrava formas de arquiteturas vernaculares, o que celebrava construções frugais, mas sua diversidade (diversidade de materiais, de forma, pois não somos todos feitos para habitar o mesmo volume), sua inventividade, a alegria que se teve ao construí-las, o apelo e o exemplo que elas constituíam: o exemplo de novos modos de habitação e trabalho, o chamado para ampliar a ZAD, para reconhecer uma zona a defender onde quer que haja vida a conservar em vida, a apoiar, a aumentar.

Há as cabanas, bem próximas, que se estabeleceram nas praças de cidades do mundo inteiro quando havia alguma coisa a defender, e há aquelas que constituem elas próprias essas praças, com tudo o que estas suscitam: panfletos, laços, falas, práticas, alegrias, lutas de todos os lados. "Somos um povo de quebradores-coletores", lia-se nas bandeirinhas dos cortejos de 2016.

Há as cabanas dos jardins operários (não se diz mais "operários", diz-se "familiares", mas não se deveria): os lotes ou, antes, as "ocupações-horta" daquilo que Gilles

---

5. N. da T.: Cabanas da ZAD de Notre-Dame-des-Landes. A cabana dos *Cent Noms* foi destruída em 2018 numa operação de desocupação realizada pela polícia.

Clément chamou de "terceira paisagem", onde é a própria cidade que se jardina, promessa de eterno domingo.

Há as cabanas de artistas, as barracas imaginantes de Laurent Tixador, de Stéphane Thidet, de Agnès Varda, os capitéis efêmeros, os banquetes nômades e todas as alegrias ambulantes.

Há as cabanas de arquitetos, que abrigam projetos muito diferentes, muito dispersos, apoiam ideias de vida muitas vezes sem contato umas com as outras. É talvez nos projetos de cabanas modernistas que o sentido, o sonho disso que é abrigado pela cabana, mais se dispersa: lembremos do *Cabanon* de Le Corbusier em Roquebrune, retiro animado por um ideal de pureza pré-industrial, e da *Maison des Jours Meilleurs* [Casa dos Dias Melhores] de Jean Prouvé, concebida em resposta ao pedido do abade Pierre, em 1954, para projetar abrigos de urgência. O mesmo apelo de formas, a mesma modéstia de linhas e de materiais, mas pistas de vida bem diferentes, no fundo muito pouco compatíveis.

Há ainda, e é preciso lidar também com isso, os locais de "alojamento insólito", aquelas cabanas completamente ridículas, mas comoventes em sua busca, que acompanham as formas simples do turismo: iurtas em plena região da Beauce, *glamping for an in-wood lifestyle*. Extravagantes, agradáveis, arrepiantes, às vezes. Não porque seriam inautênticas, mas porque atuam frequentemente para romantizar a precariedade: elas jogam com o desnudamento, a privação, a gravidade dos tempos, a vontade de saber como seria não ter casa justamente quando se tem uma. E, no entanto, comoventes também quando ali se declara, quando ali se transpira a necessidade de viver de outra maneira, de agir de maneira completamente diferente para viver.

Há os abrigos e os locais de alojamento provisório, erigidos com urgência após os desastres, as guerras, os terremotos, os deslocamentos, ao encontro dos quais vêm (em uma surpreendente transferência de *savoir-faire* e de imaginários, e é o que hoje há de mais perturbador nessas questões) as arquiteturas atualmente mais imaginativas e as práticas de organização e reutilização, onde menos se constrói do que se reabita – na convicção de que o que há para habitar é justamente a complexidade dos mundos e sua ampliação. Penso, como todo mundo, no trabalho de Patrick Bouchain com os terrenos abandonados, com as técnicas de autoconstrução ou com as realizações de *Encore heureux!* [Ainda felizes!],[6] esse coletivo que reivindica um entusiasmo crítico, que compõe com o que tem, procura alianças, imagina modalidades de construção econômica e ecologicamente sóbrias, e, com isso, ricas de sentidos; ou nas cabanas que se constroem

---

6. N. da T.: Coletivo francês de arquitetos generalistas voltado a uma prática de arquitetura experimental centrada na "complexidade do mundo", nas singularidades de cada situação e na interação com a sociedade. Engajados em situações sociais, espaciais e urbanas, os arquitetos propõem o reaproveitamento e o uso imaginativos de materiais, visando uma experiência econômica e ecológica de habitação. O *Encore Heureux* fez parte dos grupos que assinaram um manifesto a favor das ZADS e das formas de organização e habitação instituídas nelas.

nos espaços urbanos negligenciados que foram reocupados e reinventados (*la halle Papin, Grand Train, le 6b, la Station...*),[7] às vezes sobreproduzidos, porém cheios de imaginação e felicidade. E, sim, isso traz felicidade.

Mas há também, e sobretudo, evidentemente, as casas das favelas, as tendas dos canais e dos acampamentos, as lonas e os barracos de Calais, de Idomeni, de todo um mundo de campos, essas construções arquiprecárias que são uma estadia provisória para os desabrigados ou os migrantes. E nos perguntamos: o que há para celebrar em relação a essas cabanas? Se debruçar sobre elas, cuidar delas, não significa, na verdade, dizer que elas constituem um lugar vivível ou querer perenizá-las; significa apontar que elas constituem um lugar vivido, um lugar de vidas. E que ali há também alguma coisa a administrar.

O PEROU[8] dá aqui sua lição, grave e provocativamente. Esse coletivo de arquitetos, urbanistas, sociólogos age nos acampamentos e nas favelas e se põe à escuta disso que há para enaltecer nos abrigos construídos pelos

---

7. N. da T.: Espaços em Paris que foram justamente "reocupados e reinventados".
8. N. da T.: *Pôle d'exploration des ressources urbaines* [Polo de exploração dos recursos urbanos]. O coletivo PEROU foi fundado em 2012 e se intitula um "laboratório de pesquisa-ação" que articula ação social e ação arquitetural em defesa do direito à cidade e contra a hostilidade urbana. Os artistas, pesquisadores e arquitetos que compõem o coletivo organizam ações e projetos em localidades de situação precária, como a construção de habitações sociais, a criação de centros culturais, ateliês, oficinas etc.

próprios excluídos; nas cabanas certamente coconstruídas pela violência social e pelas tentativas de responder a ela. As pessoas do PEROU cuidam dos acampamentos, dos laços que ali se esboçam, cuidam dos cuidados (pois não há uma tenda, uma barraca, que não guarde o rastro de uma mão atenta, de um ritual, talvez, de uma tentativa de se propiciar uma estadia e até mesmo de se fixar ali); elas lutam contra as respostas demasiado rápidas (na maior parte do tempo, o desmantelamento); acompanham as construções, cultivam, jardinam também, fazem plantas (os minuciosos desenhos de arquitetos que vêm aqui considerar as construções geralmente desconsideradas, desqualificadas), elas documentam o que existe, agem a partir dele, até mesmo o festejam.

O PEROU exagera? Mas se não exagerasse, se não fosse esse olho totalmente decidido a ver isso, isso que existe (que outros não veem, em que veem apenas lama e indignidade, acreditando dever reconhecer a miséria de sempre), nada poderia ser mantido de nosso amor pela vida. Ora, é por isso mesmo que se fazem cabanas: para tomar conta do que merece nosso interesse, nossa proximidade, e para dizer o que precisamos proteger a fim de preservar nosso amor pela vida.

Essas cabanas tão diversas, das ZADS aos acampamentos, não deveriam ter nada a ver umas com as outras. No entanto, acredito que sejam animadas pela mesma luta, a do "viver de outra maneira": refazer para si uma estadia quando não há uma, organizar e reorganizar mundos. Aqui, no ápice, se enuncia o sonho de outra vida, de outra cidade, que já está ali em alguns cantos, ao alcance da mão.

Mas aqui vem imediatamente a perturbação, o incômodo – grande confusão do real, certamente. Pois o sentido atribuído à mobilidade, à reciclagem, ao temporário, pode mudar radicalmente. Alguns denunciam uma situação social degradada a tal ponto que os abastados (nós) não precisam mais realmente ser cidadãos e acreditam poder prescindir de solidariedades nacionais e ajudas do Estado – sonhar-se ocupante quando se vive como liberal, rechaçar para longe os ciganos, passando-se por nômade em terrenos abandonados muito bem roteirizados. Os prazeres da cabana também flertam com isso.

Mas não apenas; pois as experimentações são reais, e as alegrias, também; inventam-se empregos, multiplicam-se lugares de vida, imaginários se conectam para valer. O terreno abandonado e a reciclagem tornam-se lições de cidades. "É necessário [até mesmo] constatar que esse imaginário boêmio [seria essa a palavra certa?], por mais contestável que seja, melhora a sobrevida", cria espaços ao menos um pouco comuns, faz querer e ter esperança ali onde tanto foi feito para "impedir a vida" (Saskia Cousin).

Além disso, a partir de sua própria precariedade, a maioria dos jovens sabe muito bem que se relaciona com precariedades de ordem totalmente diferente – com todas essas crises que desenham as condições do mundo futuro e já presente, aquele que deverá lidar com todas as desterrestrações. E eles sabem muito bem fazer a diferença entre essas precariedades, instabilidades ou pilhagens. É de sua precariedade, de seu não lugar (desses lugares que são recusados e dessa violência que há em saber que se é, em tudo, objeto de seleção), que partem, quando partem, seus atos de hospitalidade, seus gestos de acolhimento a esses expulsos por excelência que são os refugiados, a quem, mais do que a qualquer outro, é recusada a entrada; e é na energia com a qual eles desafiam essas precariedades que renasce o ímpeto político: de suas precariedades vivíveis, e no entanto inaceitáveis, para as precariedades invivíveis, e no entanto vividas.

É em *todos* esses sentidos que as cabanas alimentam, constantemente, o imaginário político contemporâneo:

Elas não são sólidas, elas não são duráveis, muito raramente monumentais, cada vez mais frequentemente ilegais, em geral à margem [...]; em uma época em que sua própria existência está ameaçada, seja pelo planejamento do território, seja pelo urbanismo, seja pelo desflorestamento, seja pelas leis e normas de segurança, elas nunca habitaram tanto nossas páginas, nossas telas, nossos devaneios. (Julien Zerbone)

Não é raro que os poetas façam cabanas (e histórias também). Olivier Cadiot, impecável, exigia há pouco tempo que nos fizéssemos uma cabana de ideias, de imagens, de narrativas. Emmanuel Hocquard, que escreve especificamente "para as papoulas" (em favor delas, endereçando-se a elas, em seu nome, fazendo-lhes justiça) – mas também para as andorinhas e para as libélulas... – oferece regularmente, quando o tempo permite, suas *Dernières nouvelles de la cabane* [Últimas notícias da cabana]. Fred Griot se reconecta, em *Cabane d'hiver* [Cabana de inverno], à terra pela qual poderia lutar. Paul Celan imaginava o poema como uma "tenda" (e eu também escuto aí, é a história que faço, aquela tenda que o Verbo, desde que se fez carne, plantou no meio dos homens para "habitar no meio de nós"). A poesia se repovoa tanto quanto os céus, os solos e os lugares, ela que francamente se despovoara – ela que, para dizer a verdade, dramatizava sobretudo a ausência de um povo que ela simplesmente havia deixado de amar.

O *Livre des cabanes* [Livro das cabanas], de Jean-Marie Gleize, escrito em Tarnac,[9] em apoio a Tarnac, trança todos esses fios. Acredito que ele também tenha sido escrito sob o impulso dos mais jovens: pois se é verdade que Jean-Marie Gleize nasceu em Tarnac, Tarnac evidentemente passou a dizer outra coisa, algo de muito preciso, de muito concreto e muito vivo. Jean-Marie Gleize foi ao encontro disso, daqueles, mesmo que já tivessem partido

---

9. N. da T.: Trata-se de uma pequena cidade na região da Nova Aquitânia onde, em 2008, nove pessoas foram presas sob a acusação de terrorismo e, mais tarde, de participação num grupo de extrema-esquerda radical de inspiração situacionista. O processo despertou polêmicas durante anos e só foi concluído em 2018.

para outros lugares, e ele soube fazer, com isso e com eles, grandes coisas em seu vasto poema. Uma narrativa de re-terrestração que rola entre as pedras, atravessa os anos, reencontra os rios e os bosques, troca TARNAC por CANTAR, escuta, com Nerval, o que o solo tem a dizer. Uma narrativa que planta árvores em toda parte onde pode (árvores de maio num ar vermelho), uma narrativa que diz "nós" e que sabe diante de que "vocês" construir esse "nós", sujeito coletivo indecidido, não coleção de sujeitos, um "nós" que não é de pertencimento, mas de esperança e emancipação. Nós que habitamos suas ruínas (e quantos somos nós?), nós que utilizamos os acidentes do solo, nós que nos plantamos ali, ali fora, ali onde isso respira, eretos como troncos, nós que transportamos as tábuas, nós que abrimos bem os olhos e as mãos, nós que "estamos nessas barracas com elas, escutemos as crianças, a loucura das crianças, em nossas mãos, na água, por toda parte".

Nós construímos cabanas. Nós nos deslocamos.
Nós somos invisíveis.
Como os anjos, nós não temos nomes.
Nós temos todos o mesmo nome.
Nós habitamos suas ruínas, mas.
Nós chamamos uma revolução possível.
Nós escrevemos lógicas & políticas.

Nós construímos, nós reabitamos, e é preciso se preparar para continuar a se mover, descer montanhas, andar nas planícies, de cabana em cabana, de cabana em rio.

"Construam cabanas, destruam suas cabanas, vão construí-las em outro lugar, mexam-se." Apagar, recomeçar, investigar, aprender a "não permanecer entre os muros destruir as barracas transportar as tábuas os galhos abrir as portas descer os riachos e os rios" e, antes de tudo, "falar falar mais abrir as mãos para isso, isso e mais isso".

UM PARLAMENTO AMPLIADO

Em uma edição de novembro de 1978 do *Corriere dela Sera*, Michel Foucault apresentou um conjunto de estudos que chamou de "reportagens de ideias" – textos que tratavam do Irã, dos *boat people*, do Vietnã, da Hungria, da democratização espanhola, dos suicídios em massa em uma seita americana...

> *Começamos em setembro uma série de reportagens para o Corriere. A primeira foi dedicada à Revolução Iraniana. [...] Seguirão rapidamente outros estudos que denominamos "reportagens de ideias". Alguns dizem que as grandes ideologias estão morrendo, outros, que elas nos submergem por sua monotonia. O mundo contemporâneo, ao contrário, fervilha de ideias que nascem, se agitam, desaparecem ou reaparecem, sacudindo as pessoas e as coisas. E isso não apenas nos círculos intelectuais ou nas universidades da Europa Ocidental: mas em escala mundial e, mais especialmente, entre minorias ou povos de que a história quase*

nunca, até hoje, havia se habituado a falar ou a se fazer ouvir. Há mais ideias na terra do que os intelectuais frequentemente imaginam. E essas ideias são mais ativas, mais fortes, mais resistentes e mais apaixonadas do que os políticos podem pensar. É preciso assistir ao nascimento das ideias e à explosão de sua força: e não por meio dos livros que as enunciam, mas dos acontecimentos em que elas manifestam sua força, das lutas que se fazem pelas ideias, contra ou a favor delas.

O mundo, de fato, tem ideias, muitas ideias que o agitam, o animam, se debatem na própria superfície do que existe ou está prestes a existir, do que se remexe, tenta uma saída. E é porque o mundo tem muitas ideias que ele lateja permanentemente com possibilidades de emancipação. Trata-se de honrar essas ideias que se lançam a partir dos acontecimentos e das vidas – e a partir das coisas, dos animais, dos rios ou das florestas, mesmo que não fosse exatamente esse entendimento ecológico do "mundo" que interessava a Foucault. Há mais ideias na terra do que se imagina; ideias vindas diretamente da terra, das coisas, das formas do ser vivo, ideias de vida a serem escutadas, pensamentos e frases a serem misturados, enfim, aos nossos (e eu me lembro de La Boétie, atento aos animais: "Se os homens não se fizerem tanto de surdos, [os animais] lhes gritam: viva a liberdade!").

O mundo faz linhas com as coisas: linhas de conduta, linhas de vida, pistas, partidas, aberturas de mundos... Tim Ingold propôs uma antropologia comparada das linhas, do fazer-linha, do seguir pistas: "andar, costurar, observar, cantar, contar uma história, desenhar e escrever", traçar com as próprias mãos, os próprios pés, um lápis, um fuso, uma ferramenta, um pensamento. Mas se é verdade que cada coisa tem sua ideia, não há senão nossas mãos ou nossas almas para fazer linhas.

Cada coisa de fato se conduz, se comporta: uma espécie, uma pedra, um rio, cada coisa se conduz e, consequentemente, nos conduz ("a flecha de água/ Me indica sua trajetória com uma certeza que me escolhe", escreve Jacques Darras). Cada coisa se conduz, e nisso está sua ideia; a ideia que ela tem ou, antes (e eu não posso me desfazer dessa fórmula de Jean-Christophe Bailly), a ideia que ela é: sua orientação no viver, seu rastro de ser e de experiência, o pensamento que ela arrisca e mistura, emaranha ao mundo.

Escutar as ideias das coisas, as ideias que as coisas têm (e que não lhes faltam), seria emprestar essas linhas à percepção e ao pensamento – segui-las como seguiríamos um animal. Deixar irem as linhas. Deixar sonharem as linhas: "Uma linha sonha. Até agora, nunca havíamos deixado uma linha sonhar", escreveu Henri Michaux diante dos traços de Paul Klee. E Michaux acompanha, com o olhar e com gestos, a aventura, ou seja, a frase, ou seja, a ideia, de cada uma daquelas linhas; as que passeiam, as que fazem trajetos mais do que objetos; as

Um parlamento ampliado 59

alusivas, "que expõem uma metafísica", as penetrantes, "que, ao contrário das possessivas, ávidas por envolver, por contornar, fazedoras de formas (e depois?), são linhas para o que está por debaixo"; as que, "ao contrário das maníacas pelo continente, vaso, forma, monte, modelado do corpo, roupas, pele de coisas (ele [Klee] detesta isso), buscam longe do volume, longe dos centros, um outro centro, um centro menos evidente". Aventura de uma linha: "o que ela arrisca, o que ela traça, o que ela não acerta, o que ela fende e fecha, sua responsabilidade, em suma" (Laurent Jenny).

Cada uma dessas linhas é, de fato, como um pensamento que precisaria ser ouvido; cada uma, aliás, espera nossa escuta. Michaux, ainda: "Uma linha aguarda. Uma linha espera, [...] sempre na construção, sempre no proletariado dos humildes constituintes deste mundo".

Escutar as ideias do mundo (as ideias que o mundo tem) seria isso: ouvir esses pensamentos, essas coisas que nos dizem que poderíamos viver de tal, tal e tal forma. Perguntar-se o que é, o que seria ser rio – este rio aqui, com seu estilo e sua personalidade, na sinuosidade de seu curso, assim como na violência de seus transbordamentos; e aquele outro; perguntar-se como seria ser mulher, esta aqui, tratada assim; ser planta, ser cratera, ser vento... Perceber, então, em cada coisa, seu pensamento, sua evasão, seu prolongamento, seu envio, sua implicação.

Ser rio, *Essere fiume*, é o título de uma obra esplêndida de Giuseppe Penone, que justapõe duas pedras de formas idênticas; a primeira talhada pelos anos passados em contato com a água, a segunda, pelo escultor, que reproduz e repercorre esse trabalho, imita o rio como se imitaria um animal. E ser rio, aqui, é um estado da pedra, seu estado metamórfico; uma lembrança que a pedra tem, a lembrança de ter sido rolada pela torrente. É uma ideia da pedra, é mesmo um sonho da pedra, que ali se vive outra e ao ar livre (e penso em outra obra de Penone, *Idee di Pietra* [Ideias de pedra], que figura uma árvore carregando grandes blocos de granito, pedras que se sonham folhas – assim como as árvores de Ponge se pegavam sonhando que suas folhas eram pássaros, que elas tinham sabido fazer isso).

Dizer que o mundo tem ideias é dizer especialmente que a terra não é muda. E de fato a terra grita, reivindica, se faz ouvir, se vinga, mas também propõe, sonha; e é à escuta disso, nesse encontro entre uma nova atenção ao solo (a uma natureza inteiramente repensada) e formas bastante imaginativas de ação, que ecopolíticas são inventadas em todas as ZADs.

A terra se faz ouvir, o parlamento dos viventes demanda hoje ser ampliado. Ampliado a outras vozes, outras inteligências, outras maneiras de proceder para viver; ampliado, certamente, a modernidades não ocidentais ou a outras resistências à modernidade (e aqui o pensamento ocidental se deixa finalmente instruir por outros pensamentos, por "metafísicas canibais"); mas ampliado também aos animais, aos oceanos, às pedras, que não falam, mas nem por isso pensam menos.

A ampliação radical das formas de vida a considerar e as alianças a construir, é esse o ponto fulcral. É esse o lugar onde se constroem cabanas – pois para imaginar maneiras de viver em um mundo degradado, é preciso antes de tudo recriar as condições de uma percepção ampliada. É a ampliação que devemos habitar, é na ampliação que devemos construir, nesse mapa não apenas estendido, mas também dilatado pela atenção direcionada a todos, aos polinizadores, às raízes, às inundações, aos mortos que nos olham, às metamorfoses... Ampliar, na verdade, não é apenas aumentar, mas enodar, reenodar: de que você quer estar rodeado, a que quer se ligar, onde quer imergir? Todas as lutas atuais têm a ver com a evidência dessa ampliação, com seu chamado, sua surpresa.

Lembremos também que, em francês, a *ampliação*[1] de um detento é sua saída da prisão: a ampliação é uma liberação. E é uma liberação porque é uma luta contra os *estreitamentos*, uma reabertura para a grandeza, como sublinha Michel Deguy: "Não se trata de desenfumaçar a toca, de despoluir o *Umwelt*, mas de reabrir a abertura – e reorganizar as aberturas – para a 'grandeza'".

---

1. N. da T.: O termo em francês é *"élargissement"*, que viemos traduzindo como "ampliação", sentido no qual é reiteradamente usado no texto; no caso específico de um detento ou um prisioneiro, o termo também é usado na expressão *"élargir un détenu"*, que significa colocá-lo em liberdade.

A terra, então, não é muda. Mas como ouvir suas ideias? Nós não temos o hábito de estar à escuta das coisas que não falam; não sabemos como proceder para ouvi-las e para nos reconectar a elas (é isso, aliás, o que nos deixa um pouco invejosos das culturas animistas, que sabem fazê-lo e transmitem boas maneiras); no máximo sabemos ventriloquá-las, falar em seu nome, tomando-as por um interlocutor único ("a natureza").

Como ouvir, por exemplo, o discurso da água – e especialmente o que o silêncio aterrorizante do Mediterrâneo tem realmente a dizer? Talvez seja suficiente interrogá-lo, convidá-lo a comparecer para depor. A depor, por exemplo, no processo de responsabilidade sobre as vidas perdidas em sua costa, o que é preciso que aconteça um dia. A água certamente não pode responder, mas ela pode comparecer ao tribunal, testemunhar, até mesmo acusar, se nos pusermos à escuta disso de que, muito concretamente, seu silêncio e sua opacidade se lembram. A água não se contenta em sepultar, ela retém, conserva, envolve o que nela se enrola, assim ela se lembra e pode, então, testemunhar. Escutar o que ela tem a dizer é escutar esse testemunho, ter que ouvir um testemunho completamente novo (pois o Mediterrâneo dizia antes uma coisa bem diferente). Não é apenas que a água esteja gemendo agora, é que ela *presta queixa*:[2] ela carrega

---

2. N. da T.: Trata-se da expressão *"porter plainte"*, do francês. O itálico do original certamente vem chamar a atenção para a frase seguinte, que explora o que poderia ser uma tradução literal: "carregar lamento".

a queixa, a recolhe, a sustenta. As toneladas de plástico que ela contém *prestam queixa* – uma queixa contra a falsificação fraudulenta da paisagem, a desfiguração da própria figura de nossos mitos, a desfiguração do cosmo. As embarcações afundadas prestam queixa. Os corpos afogados evidentemente prestam queixa. Não é apenas, então, que a água se lembre, se informe, deforme, mude de forma e de curso, se plasme e se replasme em torno do acontecido e, à sua maneira, guarde seu rastro; é que ela foi testemunha, uma testemunha que se convoca, publicamente, e se escuta. Os esforços para ouvir o discurso da água não são esforços para ficcionalizar uma fala, mas para colocar-se à escuta de alguma coisa que, justamente, não possui o dom da fala, mas, no entanto, tem muito a dizer e poderia, em seu silêncio, responder por nós e por nossa humanidade – "Um único navio responderá a tudo", dizia Michaux, num verso de *Chemins cherchés, chemins perdus, transgressions* [Caminhos buscados, caminhos perdidos, transgressões].

Foi isso que motivou o trabalho de Charles Heller e Lorenzo Pezzani, *Forensic oceanography*, quando eles se fizeram vigias das embarcações e das vidas perdidas no Mediterrâneo, defensores de seus direitos e, consequentemente, vigilantes dos vigilantes. Esses geógrafos se debruçaram sobre o caso de um barco abandonado à morte, *"the left-to-die boat"*, uma embarcação de migrantes que, em 2011, ficou à deriva por 14 dias em uma zona vigiada pela Otan, enviou inúmeros sinais, foi várias vezes identificada, recebeu a visita de um helicóptero e cruzou a trajetória de um navio militar, mas nunca foi socorrida, e onde 63 pessoas acabaram entregues à morte, em um silencioso eclipse das jurisdições e uma compartimentalização dos espaços de controle, aparentemente às margens de toda responsabilidade. Ignoradas, essas vidas deixaram, entretanto, rastros na água, inclusive aqueles dos apelos de desemparo. Decifrando atentamente esses rastros, podemos transformar o próprio mar "em uma testemunha interrogável".

O documentarista chileno Patricio Guzmán também escuta a não fala da água em *O botão de pérola*, reportagem de ideias à sua maneira, que alterna diversas vozes de água: a descoberta de corpos torturados e afogados; a honra concedida a um *savoir-faire*, a toda uma prática com a água mantida pelos povos indígenas do sul do Chile, numa espécie de antropologia líquida; o olhar colocado sobre os blocos de quartzo que guardam bolhas de água há milênios; a constatação de que esse país, o Chile, apresenta mais de 4.000 km de costa, mas não gosta do oceano, vira-lhe as costas, e tem também, no norte, o deserto mais árido do mundo... Todas essas vozes se fazem ouvir, e seu coro converge na evidência de uma memória da água; essa ideia tem uma significação precisa, ainda que controversa: foi o nome dado, em 1981, a uma hipótese de Jacques Benveniste segundo a qual a água que entra em contato com certas substâncias conserva uma espécie de impressão de suas propriedades, mesmo que elas não se encontrem mais estatisticamente ali; parece que essa hipótese é hoje unanimemente considerada como fantasiosa. Mas, com Guzmán, o tema meio turvo da memória da água é repolitizado, restituído à sua força conflituosa, pois essa memória é convocada ao tribunal – convocada, eu insisto, a comparecer para depor e gritar por justiça. E todo o filme é feito para colocar diante de nossos olhos dois episódios invisíveis: o desaparecimento, ocultado e esquecido, dos povos autóctones e o dos *desaparecidos*[3] – certamente mais ruidoso, mas ainda assim ocultado – durante os anos de chumbo, entre 1973 e 1990.

Seria preciso, então, saber o que diria a terra, não se ela falasse, mas se, mais simplesmente (como disse Vinciane Despret, com malícia, sobre os animais), nós lhe fizéssemos as perguntas certas.

Em 1962, *Silent Spring*, de Rachel Carson, fazia ouvir, pela primeira vez, a consciência em larga escala de uma pilhagem ecológica. "*Silent Spring*", primavera silenciosa. Esse título, inspirado em versos de John Keats, dava uma forma já de início pungente a essa consciência; ele nomeava não apenas seu símbolo, mas também sua emoção mais partilhada: aquela que vem da rarefação do canto dos pássaros e da perturbação quanto ao que ocorre então com toda a nossa vida sensível e com as referências

---

3. N. da T.: Em espanhol no original.

mais corriqueiras de nossa relação com o mundo natural. A primavera se calou, algo de muito familiar nos é progressivamente retirado, algo de abrangente e imemorial, a prova e a celebração habituais do mundo, esse acesso sempre cantante à intensidade do vivente que nos vem, que parece nos vir, alegremente, dos pássaros.

Os pássaros de fato não nos cativam na figura do longínquo, do esquivo, da fuga (como tantas criaturas de certa natureza que "adora se esconder"), mesmo quando não os vemos, mas numa verdadeira intimidade sonora. E nos apegamos a essa intimidade, pois a esse mundo sonoro que eles abrem bem à nossa frente temos (tínhamos) o hábito de associar valores: os de uma vida-mais-que-vida, uma alegria de intensidade muito particular, uma qualidade de arrebatamento em que o canto, de alguma forma, declara o mundo natural, sua beleza e sua grandeza.

Leopardi, por exemplo:

> *Os pássaros são por natureza as criaturas mais alegres do mundo.* [...] *Eles sentem a felicidade e a alegria mais intensamente que qualquer outro animal.* [...] *Eles são tomados de uma intensa alegria diante das pradarias risonhas, dos vales férteis, diante das águas puras e límpidas, das belas paisagens. Por isso é notável que aquilo que nos parece amável e agradável lhes seja também.*

Um lugar-comum, evidentemente.

Os pássaros não dão a mínima para a alegria de vocês, replica hoje Dominique Meens; não dão a mínima para [...] o canto, o voo, o riso, o movimento, a imaginação, para a infância e a riqueza que vocês atribuem a eles; não dão a mínima para os trajetos que vocês lhes impõem (da felicidade ao canto!), para os seus lugares-comuns.

Mas um lugar-comum que dizia muito bem, num tempo anterior à tormenta ecológica, o que pode nos conectar, mais ainda que à sorte de uma espécie, à ideia de vida de que ela parece a garantia: ao que ela diz sobre aquilo que a vida pode ser, ao pensamento que ela formula sobre isso (os pássaros de Leopardi cantavam uma terra que ia bem, que se acreditava que ia bem). O vivente que se declara e canta a si mesmo, é esse o sentido e o legado afetivo (sim, afetivo) do canto dos pássaros. E são esse sentido e esse legado que vêm faltar hoje, quando esse canto se enfraquece e a evidência dessa alegria se retira como um tapete sob nossos pés.

Pois, como se sabe, a população de pássaros está se reduzindo significativamente; seu desaparecimento desmedido se deve diretamente à intensificação das práticas agrícolas (especialmente a cultura do trigo) e à generalização do uso de neonicotinoides. A cotovia, a gentil cotovia, foi particularmente atingida; mas igualmente as espécies não específicas dos ecossistemas agrícolas, nos ambientes urbanos.

Devemos o diagnóstico dessa redução tanto aos cientistas quanto aos amadores – entra aí, de fato, uma espécie de amizade pelos pássaros, algo que cada um pode experimentar por conta própria. Fabienne Raphoz, que escreve, desde muito tempo, ensaios e poemas sobre os pássaros, se declara também "ornitófila": nem ornitóloga, nem especialista *bird-watcher*, mas ornitófila, movida pelo amor aos pássaros e pelo prazer por sua existência. Ornitofilia: alegria pelo fato de os pássaros estarem aí, surpresa por eles existirem e serem como são, prazer experimentado pela forma de sua presença, pela maneira como eles povoam o céu e abrem, diante de nós, um mundo de linhas e cantos. Mas também, e sobretudo, vigilância quanto a seu destino e tristeza diante de seu desaparecimento.

Tristeza de fato, não apenas a constatação de uma extinção: essa é a outra face dessa *philia*. O conjunto poderia ser definido num gesto que essas palavras do poeta George Oppen descrevem muito bem: "Abrir a janela e dizer, vejam, um mundo existe, ele é – por algum tempo ainda – preenchido por aqueles que amo". Por algum tempo ainda, de fato, já que tudo isso deve ser ouvido sobre um fundo de despovoamento e de um desaparecimento observado por toda parte: em 15 anos, cerca de um terço dos pássaros desapareceram de nossas paisagens, cidades, campos e florestas.

A ecologia hoje não poderia ser apenas uma questão de aumento de conhecimentos e de *expertises* nem mesmo de preservação ou reparação. É preciso que entre nela algo de uma *philia*: uma amizade pela própria vida e pela multiplicidade de seus fraseados, uma diligência, uma preocupação, um apego à existência de outras formas de vida e um desejo de se conectar verdadeiramente a elas.

Ponge ressaltava em suas *Notes prises par un oiseau* [Notas tomadas por um pássaro] que a palavra "*oiseau*" [pássaro] contém todas as vogais do alfabeto e que isso "faz dela uma espécie de canto integrado ou latente". "Mas agora as vogais se calaram, e é integral o silêncio em que os pássaros mortos, que a elas tiveram acesso, se mantêm diante de nós" (Jean-Christophe Bailly). O desaparecimento progressivo do canto dos pássaros é a medida sonora disso que acontece com todo o nosso meio ambiente: disso que nos acontece. É seu poema gritante, sua elegia, o longo lamento, perfurado por chilreios, do Antropoceno.

Os pássaros não cantam nosso mundo degradado. Sua extinção na verdade lateja, acusa, testemunha: ela canta a lembrança, o luto ou a imaginação de uma terra bem tratada. Cantos e não cantos, paisagens de desaparecimentos, gemido mudo das águas... Há, na verdade, muito a escutar. Não é apenas que as coisas do mundo tenham se calado, que elas se calem e deixem ouvir que se calam, trata-se também de não escutarmos muito bem.

O que vem com a consciência dos desastres ambientais e a *des-animação* que eles causam é também toda essa transformação perceptiva, uma transformação das próprias questões em jogo na percepção do ser vivo: o que decidimos escutar, o que somos capazes de ouvir, o que saberemos fazer (ou não, de jeito nenhum) dessa escuta. Escutar os pássaros nesse mundo degradado ("*listening to birds in the anthropocene*", Andrew Whitehouse), essa é de fato uma percepção inteiramente cravada de ansiedade; isso consiste tanto em fruir seu canto, ou até mesmo em se ver (se saber) consolado por ele, quanto em sentir nossa potência de pilhagem, nossa inquietude, nossa desorientação. E o mesmo vale para o azul do céu, para os calores em pleno mês de novembro, que não poderíamos fruir.

A questão, portanto: não exatamente o que significa o canto dos pássaros, o que os pássaros comunicam entre si de galho em galho – essa seria uma questão de biossemiótica, e não é exatamente esse o problema –, mas o que esse canto diz e mesmo nos diz: o pensamento que ele suscita e encoraja, o mundo no qual nos faz entrar e permanecer, a alegria sensível e pensativa que traz a quase todo mundo. E hoje, sobretudo: o que nos ensina o não canto dos pássaros, o que nos faz o fato de escutá-los se calarem, ou de ouvi-los apenas *ainda* cantarem.

Alguma coisa hoje quer se reatar a uma intensidade de escuta. Há muito tempo, lia-se nas entranhas ou no voo dos pássaros; depois, passou-se a discernir ali o humilde chilrear de um deus que decidira se instalar entre nós, habitando os mais modestos constituintes deste mundo. Hoje buscamos voltar a escutar o mundo, voltar a escutar as coisas da natureza "falarem"; além disso, invejamos por vezes, a esse respeito, os povos de tradição oral, sonhando-nos animistas. É que esperamos reencontrar uma escuta e uma sensibilidade mais vastas, mas num sentido renovado, inteiramente aureolado por essa ansiedade ecológica. Certamente, até mesmo o apetite com o qual o pensamento contemporâneo se debruça sobre as ritualidades, os xamanismos ou as magias tem a ver, ele também, antes de tudo, com esse desejo de voltar a escutar o mundo falar, de ouvir o mundo dizer suas ideias e saber que esse mundo (seres, coisas) está também à escuta daquilo que fazemos. Penso, por exemplo, no animismo tranquilamente professado por David Abram na proposta de ampliação da percepção constituída por *Comment la terre s'est tue* [Como a terra se calou]. Como a terra se calou: não seria exatamente que ela não fala, é que ela se calou – seja porque não sabemos mais ouvi-la, seja porque ela decidiu fazer silêncio, em certos lugares do mundo, a certos ouvidos (não a todos, evidentemente), talvez na ocasião de cada nova extinção.

Voltar a escutar, a afiar uma escuta, a perceber metamorfoses, é isso também o que busca o bioacústico Bernie Krause. Ele trabalha para guardar o rastro desses mundos sonoros, para celebrar seu esplendor, mas também para testemunhar suas transformações – suas degradações, suas desarmonias inéditas. Ele passou cerca de 50 anos escutando a natureza, reunindo seus documentos em uma biblioteca sonora de mais de 5 mil horas, uma trilha sonora a um só tempo agradável e inquietante, já que se trata agora, para ele, de alertar sobre o desaparecimento de milhares de espécies. Eu soube (sonhei?) que os *rushes* de Bernie Krause, rastros de todo esse trabalho de captação de paisagens acústicas (rastro, pois, tanto de sua beleza quanto de sua pilhagem), desapareceram como fumaça há alguns anos no incêndio de sua casa na Califórnia... A notícia foi arrepiante, como uma pontuação cruel da degradação. O grito de Gaia aqui se reduplicava, reduplicando o silêncio.

Talvez apenas transformações perceptivas dessa amplitude – escutar que não se escuta mais e que os vizinhos se foram, sentir que a terra sob os nossos próprios pés treme e se comove, perceber o grito de Gaia, ver o clima – sejam capazes de se opor, nos corpos, às negações das mutações climáticas e suscitar decisões políticas de envergadura. O último livro de Bruno Latour vai nesse sentido, quando ele encoraja outras conexões, outros afetos políticos, outras atrações, outras alianças. E é certamente isso que está em jogo nas ZADS: uma repolitização do laço (do laço!) com o solo. Decididamente uma *philia*.

É aqui que cruzamos os esforços de uma antropologia ampliada, estendida doravante a outros sujeitos além dos viventes humanos. Em sua virada "ontológica" (com Marylin Strathern, Philippe Descola, Eduardo Viveiros de Castro, Tim Ingold, Eduardo Kohn, Anna Tsing...), a antropologia convida, de fato, a reconhecer o estatuto de sujeito a viventes não humanos, mas também a não viventes, dotando-os de uma interioridade, de uma capacidade de significar, de agenciar (com efeitos já sensíveis, no direito, por exemplo, uma vez que os rios se veem dotados de uma personalidade jurídica). Ser pedra, ser rio, ser floresta, ser margem, ser animal, ser máquina, ser fantasma: tantos modos de ser de agora em diante reunidos em um mesmo cenário ontológico e político – já que é a cada uma dessas formas de vida que temos de nos conectar e é a cada uma dessas coisas (a seu silêncio, a suas reclamações) que se deve dar ouvidos.

O rosário dos verbos decididamente se desfia e, com o infinitivo, a enumeração (a ampliação) se desencadeia por si mesma: ser rio, ser pedra, "pensar como uma árvore" (Jacques Tassin), "pensar como uma montanha" (Aldo Leopold), "ensinar uma pedra a falar" (Annie Dillard), "pensar como um rato" (Vinciane Despret), pensar como uma floresta. Nem mesmo se perguntar se as florestas pensam, mas postular que elas o fazem: é esse o propósito de Eduardo Kohn em *How forests think*, um livro exemplar dessa decisão de escutar o parlamento dos viventes com os quais sabemos que é preciso estabelecer relações políticas.

É aí que a ampliação do sensível e a politização da própria ideia de natureza serão ditas sempre em verbos, não em substantivos, sejam eles "próprios" ou "comuns". Pois a questão não é batizar as coisas do mundo e fazê-las virem adamicamente, mas deixá-las pensar, sonhar, dizer sua fórmula. Pois o que emerge aqui são frases. Os animais, por exemplo, "conjugam os verbos em silêncio"

(Jean-Christophe Bailly), conjugam mais do que declaram: se esquivam, se escondem, bramem, rosnam, mutam...

O que importa nessas fórmulas é a decisão de honrar outros estilos de ser, outros pensamentos, outros comportamentos no sensível, de seguir outras linhas que também constituem proposições sobre o mundo e sobre as maneiras de estar nele. E é nisso que o infinitivo ou a preposição "como" são bons; o infinitivo, que retorna em todos esses títulos como o próprio núcleo da ampliação: o infinitivo, ou o modo da participação, do metamórfico, da passagem de um estilo de ser para outro. E o "como", que estabelece a relação ao mesmo tempo que mantém a distância, que diz que não saberemos nada do que pensam exatamente as florestas, mas que tentamos, que nos aproximamos, que nos deixamos abalar e instruir por essas ideias que a vida tem. Sem crer que, para isso, tenhamos que simular essas formas de existência, habitá-las; mas considerando, a partir de nosso local de existência e de linguagem, a hipótese de outros pensamentos; e considerando a hipótese de nosso encontro real (seja de aliança, seja de colaboração, seja de conflito) com eles.

Se um dos desafios atuais (tanto para as ciências humanas quanto para as formas de nossas práticas) é reconstruir as condições de uma percepção ampliada, de uma escuta de tudo o que não fala (e de uma reflexão sobre o que se pode fazer com essa escuta), é preciso, então, encontrar aliados para essa ampliação. E aqui acredito que os poetas estão um passo à frente, que a poesia oferece pontos de apoio para pensar e experimentar esse parlamento ampliado de que necessitamos.

Por quê? Porque essas coisas do mundo, que reivindicam tão fortemente hoje que as tratemos de outra maneira, são as tão antigas *coisas líricas*; é por isso que a poesia é aqui tão sábia, *expert* mesmo. Postular que o mundo tem ideias, ouvi-las e segui-las, isso o poema sabe fazer muito bem; ele, que escuta as coisas significarem, gemerem, sonharem; ele, que emprega seus esforços para qualificar essas vozes não vozes, esses pensamentos não pensamentos. Dar ouvidos, discernir, escutar alguma coisa não falar, escutar o mundo mudo latejar com ideias, tudo isso se aprende. E os poetas – viva os poetas – estão aí para isso: dar mais ouvidos, ampliar a percepção e fazer saber que o faz, responder por isso. Ponge, ainda ele, terá passado sua vida assim: ouvindo o que não fala, mas nem por isso pensa menos, que sabe muito e diz muito. Seu "*partido* das coisas" está inteiramente aí.

Pobre poema, porém, de que suspeitamos nada saber tocar do real: até mesmo os mais imaginativos dos antropólogos ou dos filósofos do vivente acreditam que devem esclarecer que, se a terra fala, se os animais têm gênio ou se as florestas pensam, fazem-no apenas em um sentido poético.

Ora, aí encontramos o habitual dos esforços poéticos; ou antes: trata-se da loucura razoável do poema; ou ainda: do animismo tranquilo do poema, de sua força de verdade ecopolítica, tão preciosa hoje, de erguer um cenário de fala e de pensamento em que é possível escutar aquilo que não fala e que, no entanto, significa, não ao "dar-lhe voz", mas ao deixá-lo acenar, fazer sinal à sua maneira; um cenário em que é possível se dirigir, então, àquilo que não responderá, àquilo que não ouve, que talvez nem sequer exista, ao menos não como nós: as coisas ("Objetos inanimados, vocês têm alma...?"); os animais, os viventes não humanos, os rios, as árvores ("Surja, bosque de pinheiros, surja na palavra. Não conhecem você. – Dê sua fórmula", Ponge, *Le Carnet du bois de pins* [O caderno do bosque de pinheiros]); os não vivos, os mais vivos, os defuntos ("Este poema te é endereçado e nada encontrará"). O poema que se endereça seriamente àquele que não poderia falar, que regula inteiramente sua palavra segundo aquilo que não poderia falar (segundo a realidade daquilo a que ele se endereça), que não escuta vozes, mas propõe obstinadamente (como Roubaud ao destinar seu poema à esposa morta) "a hipótese de um encontro, a hipótese de uma resposta, a hipótese de alguém".

Para um poeta, de fato, não há nada de estranho em escutar o pensamento da água, da árvore, dos mortos, em se endereçar a eles, em lhes fazer perguntas e até em lhes dar ordens. Animismo calmamente mantido pelo poema, um animismo que nos resta, que não perdemos, no qual poderíamos nos embasar para nos dirigirmos às coisas com mais amplitude, nos reconectarmos à inteligência do mundo; que poderia nos ajudar a parar de invejar os povos tradicionais (que olhamos ora como crianças, ora como inatingíveis ancestrais, ancestrais no presente, mas não contemporâneos, estacionados do outro lado do globo). Animismo ou, antes, trabalho paciente das analogias, imaginação das relações, dos enodamentos e desnodamentos, do reconhecimento de aliados onde se tinha aprendido a considerar apenas recursos, imobilidades e mutismos. Ampliação.

Esse poetas, no entanto, insisto, sabem que isso não responderá, ao menos não assim; que isso não fala, ao menos não como nós, ou que nada saberemos sobre isso. Eles não fingem que podemos conversar com as coisas. Eles dizem ao mesmo tempo, mais e menos, e sabem que aqui, para nos escutarmos, tudo está por fazer. E é na verdade preciso tanto imaginação quanto tato, tanto tato quanto imaginação. Imaginação para dar ouvidos a essas ideias do mundo e para escutar, naquilo que não fala, verdadeiras proposições de vida; tato diante dessa não fala, tato que retém os cantos sem escrúpulo, aqueles que acreditam poder fazer tudo falar dirigindo-se a nós (Chris Marker, em *Les statues meurent aussi* [As estátuas também morrem]: "Colonizadores do mundo, queremos que tudo nos fale, os animais, os mortos, as estátuas").

Ampliação e paciência, então, audácia de imaginar, mas moderação, delicadeza de pensamento. O que "diz", por exemplo, o pássaro quando canta? Aliás, ele canta? Somos nós que suspeitamos que os pássaros cantam, ousa dizer Dominique Meens; para eles, é uma coisa completamente diferente. E, se os pássaros não dão a mínima para o canto que lhes atribuímos, não é que precisemos abdicar de nossa convicção de sentido ali, muito pelo contrário; é que eles fazem outra coisa, mais considerável, mais gramatical: eles "conjugam", decididamente, fazem frases que é preciso ligar às nossas.

Um poeta diz menos: isso não fala, isso talvez nem sequer cante. E diz mais: é uma língua, tenho que traduzi-la. E não apenas é uma língua como também me ensina uma lição que tenho que escutar. Dominique Meens, por exemplo, ouviu um tordo dizer "mas", dizer-lhe até mesmo "não" (*Mes langues ocelles* [Minhas línguas ocelos]). Ele se lembra do dia em que, jovem soldado na Alemanha, escutou o canto do tordo. E foi com esse canto que soube o que desejava – "aquele *mas* proposto pelo tordo, pelo canto do tordo, [...] aquele *mas* repetido, derivando seus valores". E tirou daquilo todas as lições lógicas e práticas:

> *Tirei imediatamente a conclusão moral de nosso engajamento recíproco – ele cantava –: eu não duraria muito naquelas condições que me haviam permitido cruzar com ele. Aquilo não era uma vida. Eu poderia muito bem desejar para mim uma vida de tordo.*

Ele dizia "mas", portanto lhe dizia "mas"; o que cantava lhe dizia "mas"; o que era lhe dizia "mas". Sua maneira de ser, de voar, de soar, é aqui realmente uma frase: uma frase-vida que se opunha à dele (à nossa) – um protesto, uma réplica: mas quem o obriga a viver assim?

O que o tordo demonstrou e sua escuta enodava, então: que era preciso viver de maneira completamente diferente. "Se os homens não se fizerem tanto de surdos, [os animais] lhes gritam: viva a liberdade!"

Um pássaro responde, assim, expondo suas razões, mesmo se não tivermos lhe perguntado nada. Uma vez mais, não é que ele fale; mas ele sabe e diz muito. Ele pode responder por nós e pelo que nos acontece. Responde, em particular, a essa questão que hoje não se pode apagar: por que viver de outra maneira? "Porque o pássaro" (é a admirável fórmula de Fabienne Raphoz). Por que lutar? Porque o pássaro. Porque os pássaros cantam, e caem, e não cantam. Por que habitar as ruínas, deslizarmos para lá, deslizar para lá nossos "nós",[4] nossas imaginações, nossas práticas, nossos espantos diante disso de que éramos capazes? Porque o pássaro.

Trata-se, portanto, de escutar como se deve, de se aproximar como se deve, de tocar com justeza para tocar *na carne*, de lutar contra as precipitações, em atenção, em pensamento e em gesto. Ora, o justo tocar, o tato, é precisamente uma questão de sintaxe, isto é, de esforços para criar laços e desfazer outros, para enodar, desnodar, reenodar com justeza as coisas e as pessoas. Vinciane Despret fala, ela também, de tato, de um "tato ontológico", quando descreve, por exemplo, a atitude do pensamento

---

4. N. da T.: *"Nous"*.

e a ordem de práticas que seria preciso adotar em nossas sociedades sem ritos (ou assim supostas) para manter boas relações com os mortos: não lhes pedir que prestem contas sobre o que são ou deixaram de ser, não acreditar que habitam um além qualquer (nem lhes recusar rápido demais essa sobrevivência), preocupar-se, antes, com o que esperam, buscar os gestos certos. Mas creio que o tato também precisa esforçar-se pela palavra e que é a poesia que o provê. O que é, por exemplo, dizer "você" àqueles que não escutam ou não existem mais? O poema está aí para isso, para instituir esses cenários sintáticos meditados, plurais, em que se tentarão laços em palavra até que se encontre o adequado, em que se enodarão os pronomes da interlocução e em que, no entanto, nos manteremos, em que saberemos que nos mantemos na borda desses pronomes, na borda dessa troca, e que não teremos direito a essa troca. Não se apressar em dar voz, não transformar sujeitos completamente outros em nossos semelhantes, não deixar a vida colonizar até mesmo o reino dos mortos.

E se esse tato é requerido por toda parte, muito além do poema, é porque há muitos seres que ainda não sabemos nomear: estados do vivente, derivas do vivente, híbridos, ilhotas multiespécies, negociações bizarras que é preciso não categorizar muito rapidamente, para fazer jus a um tempo metamórfico. As metamorfoses ambientais e as instabilidades climáticas fazem emergir alianças surpreendentes. Será preciso, como defendem Philippe Descola ou Baptiste Morizot (que reflete sobre as relações de "diplomacia" que se deve inventar com outras espécies), *suportar* esse momento de instabilidade em que não se sabe bem que relações convém estabelecer com essas outras formas de vida, mas no qual pressentimos que reside um dos desafios políticos de nosso tempo: não se apressar a estabilizar as relações, não se arriscar a transformar os não humanos em humanos, considerar pacientemente os laços possíveis, apostar nas metamorfoses, relançar a imaginação.

Em paisagens igualmente muito estáveis, Ovídio já fazia erguer, de desejo em desejo, o parlamento ampliado que hoje é preciso instituir, esse parlamento que uniria na cena política humanos e não humanos, homens e animais, rios, pedras, florestas... Parlamento ampliado para uma era metamórfica, que sabe e não sabe o que lhe acontece. Ovídio, na verdade, canta a vida que jamais se fixa, sempre aberta, promissora, inquietante, a vida que é sempre outra vida; ele canta os *corpora nova*, essas formas transmutadas em corpos novos, canta o devir, a impermanência, ele já canta, sem dúvidas, até mesmo a crítica. Luc Boltanski (sociólogo e poeta, como já dito) teve, aliás, a audácia de ouvir nas *Metamorfoses* uma lição sobre a mobilidade do social, sobre a transformação que é a própria substância do social e constitui o motor da crítica: a vida social é feita de arranjos, mas arranjos mais frágeis do que pensamos, que poderiam ser completamente diferentes, pois decididamente nada nos obriga a viver "assim". Exercer a crítica, sentir que o mundo poderia ser diferente, se engajar, lutar, é perceber em toda parte a abertura desse "completamente diferente", desses possíveis diretamente no mundo, diretamente nas coisas.

Pode-se perceber, por exemplo, no próprio fato de uma floresta lutar pela manutenção de sua existência, o levante de um povo. Observando, apoiando o que se tenta hoje em espaços protegidos por sua própria ocupação, Jean-Baptiste Vidalou ressalta, assim, a unidade de uma experiência, uma tentativa, a que consiste em habitar territórios em luta, em lutar pelo próprio fato de habitá-los, de instalar neles, sem exploração nem dominação, pedaços da própria vida. Os militantes de Notre-Dame-des-Landes, é claro, de Bure, de Morvan, mas também, em escala global, os camponeses do Guerrero, no México, os caçadores do povo Cree, os Penan de Bornéus armando-se de zarabatanas contra as companhias de plantação de dendezeiros... Ele chama isso (alongando o rosário das linhas e dos pensamentos infinitivos) de: "ser floresta". Ser floresta não significa tomar-se por uma árvore, significa seguir as pistas desse acontecimento vertical que é a floresta, "alguma coisa que, contra a estranheza do mundo administrado, está, enfim, aí"; e enfrentar as práticas devastadoras (de solos, de vidas e de ideias). Não se trata apenas de respeitar a natureza, de ver na floresta uma reserva preciosa da biosfera, mas de reconhecer nela uma "certa liga, uma certa composição inteiramente singular de laços, de viventes, de magia", um povo que aparece, "uma defesa que se organiza", um imaginário que se intensifica, novas razões de amar, lugares e laços onde seria finalmente possível respirar.

Hoje, é nas ZADS (nos solos protegidos de fato pela luta contra os desenvolvimentos) que se enodam efetivamente, de maneira cotidiana, contínua, estendida, outras relações com as coisas e os territórios da natureza (e por isso com os indivíduos). Um mundo de ideias e de práticas ali se estrutura e se experimenta, em torno de intuições novas que favorecem as interações entre viventes de todos os tipos, de todos os estatutos, multiplicando os emaranhamentos do mundo.

Nossas cabanas: é, de fato, nesses espaços ovidianos transformados em lugares de luta que é preciso erguê-las, como o poema se ergue, ele que jamais se esparrama nem virá cair aos nossos pés. No coração de espaços e conexões defendidos na medida exata em que são escutados. É preciso reescrever diretamente nas landes degradadas, nas geleiras pilhadas, em meio aos pássaros mortos, mas também às técnicas de todos os tipos, às imaginações e projetos, o grande poema de Ovídio. Ovídio em Sivens, nos arredores de Bure, nas florestas do subártico, no vale do Suse, nos jardins furtivos, Ovídio em todos os lugares, *vates* cantando e nos cantando, a nós, nossos laços e nossas cabanas.

* * *

REFERÊNCIAS BIBLIOGRÁFICAS

ABRAM, David. *Comment la terre s'est tue. Pour une écologie des sens*. Trad. fr. de Didier Demorcy e Isabelle Stengers. Paris: La Découverte, 2013.

BAILLY, Jean-Christophe. *Le Parti pris des animaux*. Paris: Christian Bourgois, 2013.

_____. *L'Élargissement du poème*. Paris: Christian Bourgois, 2015.

_____; POITEVIN, Éric. *Le Puits des oiseaux*. Paris: Éditions du Seuil, 2016.

BITOUN, Pierre; DUPONT, Yves. *Le Sacrifice des paysans. Une catastrophe sociale et anthropologique*. Paris: L'Échappée, 2016.

BOLTANSKI, Christian; BOLTANSKI, Luc. *Les Limbes*. Paris: Éditions MF, 2006.

CADIOT, Olivier. *Histoire de la littérature recente*. Tomo II. Paris: P.O.L., 2017.

CARSON, Rachel. *Printemps silencieux*. Trad. fr. de Jean-François Gravrand. Rev. de Baptiste Lanaspeze. Marselha: Wildproject, 2009.

COLETIVO Catastrophe. "Puisque tout est fini, tout est permis", *Libération*, 22 set. 2016.

CLÉMENT, Gilles. *Le Jardin en mouvement*. Paris: Pandora, 1991.

_____. *Manifeste du tiers paysage*. Paris: Sujet-objet, 2004. (Reed. Rennes: Éditions du Commum, 2016, on-line).

COCCIA, Emanuele. *La Vie des plantes. Une Métaphysique du mélange*. Paris: Payot/Rivages, 2016.

COUSIN, Saskia et al. (orgs.). *Actualité de l'habitat temporaire. De l'habitat rêvé à l'habitat contraint*. Marselha: Terra-HN éditions. Rede científica de pesquisa e de publicação, 2016.

DARRAS, Jacques. *L'Indiscipline de l'eau. Anthologie personnelle 1988-2012*. Paris: Gallimard, 2016.

DEGUY, Michel. *Écologiques*. Paris: Hermann, 2012.

DESCOLA, Philippe. *Par-delà nature et culture*. Paris: Gallimard, 2005.

DESPRET, Vinciane. *Au Bonheur des morts. Récits de ceux qui restent*. Paris: La Découverte, 2016.

_____. *Que diraient les animaux, si... on leur posait les bonnes questions?* Paris: La Découverte, 2012.

_____. *Penser comme um rat*. Versalhes: Quae, 2009.

ÊTRE PIERRE, catálogo da exposição no museu Zadkine, 29 set. 2017-11 fev. 2018. Paris: Paris Musées, 2017.

FOUCAULT, Michel. "Les Reportages d'idées", in *Dits et écrits*. Tomo II. Paris: Gallimard, 2001.

GELL, Alfred. *L'Art et ses agents. Une Théorie anthropologique*. Trad. fr. de Olivier Renaut e Sophie Renaut. Dijon: Les Presses du Réel, 2009.

GIRAUD, Thomas. *Élisée, avant les ruisseaux et les montagnes*. Lille: La Contre-Allée, 2016.

GLEIZE, Jean-Marie. *Le Livre des cabanes: politiques*. Paris: Éditions du Seuil, 2015.

GRIOT, Fred. *Cabane d'hiver*. Publie.net, 2017.

GUEST, Bertrand. *Révolutions dans les comos. Essais de libération géographique: Humboldt, Thoreau, Reclus*. Paris: Classiques--Garnier, 2017.

GUZMÁN, Patricio. *Le Bouton de nacre*. Documentário. Chile, 2015.

HELLER, Charles; PEZZANI, Lorenzo. "Traces liquides: enquête sur la mort de migrants dans la zone-frontière maritime de l'Union Européenne", *Revue Européene des Migrations Internationales*, vol. 30, n. 3-4, 2014.

HOCQUARD, Emmanuel. *Ma haie*. Paris: P.O.L., 1987, 2001.

IMHOFF, Aliocha; QUIRÓS, Kantuta; TOLEDO, Camille de. *Les Potentiels du temps. Art et politique*. Paris: Manuella, 2016.

INGOLD, Tim. *Une Brève histoire des lignes*. Trad. fr. de Sophie Renaut. Bruxelas: Zones Sensibles, 2011.

KOHN, Eduardo. *Comment pensent les fôrets. Vers une anthropologie au-delà de l'humain*. Trad. fr. de Grégory Delaplace. Bruxelas: Zones Sensibles, 2017.

KRAUSE, Bernie. *Le Grand Orchestre des animaux. Célébrer la symphonie de la nature*. Trad. fr. de Thierry Piélat. Paris: Flammarion, 2018.

LATOUR, Bruno. *Où atterrir? Comment s'orienter en politique*. Paris: La Découverte, 2017.

_____. *Face à Gaïa. Huit conférences sur le nouveau régime climatique*. Paris: La Découverte, 2015.

LEFEBVRE, Noémi. *Poétique de l'emploi*. Paris: Verticales, 2018.

LEOPARDI, Giacomo. *Éloge des oiseaux*. Trad. fr. de Jean Duval. Paris: Librairie la Brèche, 2016.

MEENS, Dominique. *Poursuivons. Ornithologie du promeneur*. Livros IV e V. Paris: Allia, 1998.

_____. *Mes Langues ocelles*. Paris: P.O.L., 2016.

MICHAUX, Henri. *Chemin cherchés, chemins perdus, transgressions*. Paris: Gallimard, 1982.

_____. *Paul Klee*. Saint Clément de rivière: Fata Morgana, 2012.

MORIZOT, Baptiste. *Les Diplomates. Cohabiter avec les loups sur une autre carte du vivant*. Marselha: Wildproject, 2016.

NAEPELS, Michel. *Dans la détresse. Une Anthropologie de la vulnérabilité*. Paris: Éditions de l'EHESS, 2019.

OVÍDIO. *Métamorphoses*. Trad. fr. de Marie Cosnay. Paris: Éditions de l'Ogre, 2017.

PAGANO, Emanuelle. *Nouons-nous*. Paris: P.O.L., 2013.

RAPHOZ, Fabienne. *Parce que l'oiseau*. Paris: José Corti, 2018.

RIBOULET, Mathieu. *Nous campons sur les rives. Lagrasse, 7-11 août 2017*. Paris: Verdier, 2018.

ROUBAUD, Jacques. *Quelque chose noir*. Paris: Gallimard, 1986.

SASSEN, Saskia. *Expulsions. Brutalité et complexité dans l'économie globale*. Paris: Gallimard, 2016.

SIMON, Claire. *Le Bois dont les rêves sont faits*. Documentário. França, 2015.

THIÉRY, Sébastien (org.). *Des Actes. À Calais, et tout autour*. Paris: Post Éditions, 2018.

TOUAM BONA, Dénètem. *Fugitif, où cours-tu?* Paris: PUF, 2016.

TIBERGHIEN, Gilles A. *Notes sur la nature, la cabane et quelques autres choses*. Paris: Éditions du Félin, 2013.

TSING, Anna. *Le Champignon de la fin du monde. Sur la possibilité de vie dans les ruines du capitalism*. Trad. fr. de Philippe Pignare. Paris: La Découverte, 2017.

VIDALOU, Jean-Baptiste. *Être forêts. Habiter des territoires en lutte*. Paris: Zones, 2017.

WHITEHOUSE, Andrew. "Listening to Birds in the Anthropocene: The Anxious Semiotics of Sound in Human-Dominated World", *Environmental Humanities*, n. 6, 2015.

ZERBONE, Julien. Cabanes. *Revue 303*, n. 141, jun. 2016.

Zone à défendre (site). https://zad.nadir.org

SOBRE A AUTORA

MARIELLE MACÉ (1973) é pesquisadora do Centro Nacional de Pesquisa Científica (CNRS) e professora de literatura na Escola de Altos Estudos em Ciências Sociais (EHESS) e na Universidade de Nova York (NYU). É autora de diversos livros – dentre os quais *Le Temps de l'essai* (Belin, 2006), *Façons de lire, manières d'être* (Gallimard, 2011), *Styles: Une Critique de nos formes de vie* (Gallimard, 2016) e *Une Pluie d'oiseaux* (coleção Biophilia, José Corti, 2022), pelo qual recebeu, em 2023, o grande prêmio de não ficção da Société des gens de lettres (SGDL) – e faz parte do comitê de redação de revistas importantes como *Critique* e *Po&sie*. No Brasil, publicou em 2018, pela Bazar do Tempo, *Siderar, considerar: migrantes, formas de vida.*

CIP-Brasil. Catalogação na Publicação
Sindicato Nacional dos Editores de Livros, RJ

Macé, Marielle (1973-)
Nossas cabanas: lugares de luta, ideias para a vida comum /
Marielle Macé; apresentação Marcelo Jacques de Moraes;
tradução Isadora Bonfim Nuto. Rio de Janeiro: Bazar do Tempo,
2023. 96 p. (Coleção Por Que Política?; v. 7)
Tradução de: *Nos cabanes*
ISBN 978-65-84515-46-8
1. Ensaios franceses I. Moraes, Marcelo Jacques de
II. Nuto, Isadora Bonfim III. Título
23-83819 CDD: 844 23-83819 CDU: 82-4(44)

Meri Gleice Rodrigues de Souza, bibliotecária CRB 7/6439

COLEÇÃO **POR QUE POLÍTICA?**

Siderar, considerar: migrantes, formas de vida
Marielle Macé, apresentação
de Marcelo Jacques de Moraes

Uma lei para a história: a legalização do aborto na França
Simone Veil, apresentação e entrevista de Annick Cojean

Liberdade para ser livre
Hannah Arendt, apresentação de Pedro Duarte

Contra o colonialismo
Simone Weil, apresentação de Valérie Gérard

Ódios políticos e política do ódio:
lutas, gestos e escritas do presente
Ana Kiffer e Gabriel Giorgi

Feminismos favelados:
uma experiência no Complexo da Maré
Andreza Jorge, prefácio de Eliana Sousa Silva

Nossas cabanas
Marielle Macé, apresentação
de Marcelo Jacques de Moraes

Este livro foi editado pela Bazar do Tempo
em maio de 2023, na cidade de São Sebastião
do Rio de Janeiro, e impresso em papel Pólen
Bold 90 g/m² pela gráfica Vozes. Foram
usados os tipos GT Haptik e GT Sectra.